FRIEDRICH MAIER

DIE VERSION AUS DEM LATEINISCHEN

Schwerpunkte der Syntax
mit Anhängen
zur Stilistik und Übersetzungstechnik

Ein grammatisches Begleitbuch
für den Lektüreunterricht

C. C. BUCHNERS VERLAG BAMBERG

Zum Gebrauch an den Gymnasien in Bayern zugelassen
gemäß KMS vom 6. Oktober 1976 Nr. A/11–12/94067/76

ISBN 3 7661 5652 7

Gesamtherstellung: Graphischer Großbetrieb Friedrich Pustet, Regensburg

Inhaltsverzeichnis

Vorwort

1. Zur Absicht des Buches

Übersetzen und Interpretieren sind die zentralen Unterrichtsverfahren im lateinischen Lektüreunterricht. Eine saubere und ehrliche Arbeit an den Texten kann dabei nur auf einem gesicherten Fundament der grammatischen Kenntnisse geleistet werden. Gerade im Bereich der Syntax ist ein fundiertes Wissen nötig.
Am Ende der Mittelstufe, also in der 11. Jahrgangsstufe, sollten sich die Schüler einen systematischen Überblick über die syntaktischen Kategorien der lateinischen Sprache erarbeitet haben. Die schwerpunktmäßige Wiederholung und vertiefende Betrachtung einzelner strukturtragender Erscheinungen sind in der Oberstufe (Kollegstufe) ständig gefordert.
Das vorliegende Buch bietet die lateinische Syntax an ihren Schwerpunkten dar; diese sind durch eine umfassende statistische Untersuchung abgesichert.[1]
Das Buch besteht aus zwei unmittelbar aufeinander abgestimmten Teilen:

1. Teil: Übungsbuch,
2. Teil: Übersetzungsschule.

Beide Teile behandeln parallel die syntaktischen Erscheinungen; die Abfolge der Stoffkapitel ist systematisch geordnet, sie orientiert sich an den Ergebnissen der Statistik. Jedes Kapitel kann allerdings auch unabhängig von den anderen behandelt werden.

Das **Übungsbuch** bietet originales Satzmaterial aus nahezu allen Bereichen der lateinischen Prosa (seltener Dichtung) an, und zwar sind es Einzelsätze, da nur an solchen ein grammatisches Problem isoliert und in einer konzentrierten Anzahl von Beispielen eingehend behandelt werden kann. Ein kleines zusammenhängendes Textstück gibt in jedem Kapitel Gelegenheit, den syntaktischen Stoff in einem etwas größeren Zusammenhang zu studieren.

Jedes Kapitel des Übungsbuches besteht aus drei Abschnitten:

1. Abschnitt: Übungssätze mit niedrigerem Anspruchsniveau[2] (geeignet für die Mittelstufe),
2. Abschnitt: Übungssätze mit höherem Anspruchsniveau[2] (geeignet für die Oberstufe/Kollegstufe),
3. Abschnitt: Strukturierte Aufgabenstellungen.

---

[1] Die Ergebnisse dieser statistischen Untersuchung werden an anderer Stelle veröffentlicht.
[2] Die zwei Abschnitte der Übungssätze sind jeweils durch einen Mittelstrich voneinander getrennt.

In den beiden Abschnitten der Übungssätze ist jeweils der gleiche Stoff mit einer ungefähr gleichen Anzahl von Beispielen zur Übung und Vertiefung aufbereitet; die statistisch überprüfte Häufigkeit des Vorkommens ist dabei das ausschlaggebende Kriterium für deren Auswahl. In den strukturierten Aufgabenstellungen werden wichtige Stoffelemente eines Kapitels gesondert abgetestet; Vielseitigkeit ist hier methodisches Prinzip.

Die **Übersetzungsschule** beschränkt sich in der Darbietung des Syntaxstoffes nicht auf eine nur phänomenologische Beschreibung der einzelnen Erscheinungen, sondern versucht, diese jeweils in ihrer besonderen Funktion im Satz zu erhellen und Übersetzungshilfen anzubieten.
Die Schwerpunkte der Syntax werden von ihren inneren Gesetzmäßigkeiten her verständlich gemacht. Diesem Ziel kommt vonseiten des Schülers (Kollegiaten) das seiner höheren Altersstufe gemäße Streben entgegen, die tieferen Zusammenhänge von komplexen Erscheinungen zu erkennen. Was hierbei an sprachlichem Verständnis aktiviert, an Einblick in das Phänomen Sprache gewonnen werden kann, dient nicht bloß einem sinngemäßeren Erfassen des lateinischen Textes, also der Aneignung einer besseren Übersetzungsfähigkeit, sondern macht mit Nachdruck auf wesentliche Unterschiede zwischen der lateinischen und deutschen Satzstruktur aufmerksam: der Lernende vermag seine Muttersprache aus der Distanz zu betrachten. Dieses kontrastiv-komparative Moment der Sprachbetrachtung ist ein wesentliches Anliegen der Stoffdarbietung.
Daneben ist Wert darauf gelegt, die Geistestätigkeiten, die der sprachpädagogische Elementarvorgang des Übersetzens aktiviert, nachdrücklich herauszuheben. Der Lernende wird angehalten, beim Übersetzen über den Vorgang des Übersetzens nachzudenken: Übersetzen wird ihm als ein Akt der Kommunikation und des schöpferischen Gestaltens bewußt, demnach als eine seit je geübte Grundäußerung der zwischenmenschlichen Begegnung, als eine Leistung, die Phantasie, Einfühlungsgabe und die Fähigkeit verlangt, das in der fremden Sprache Erfaßte aus dem eigenen Sprachgeist neu zu schaffen. Die Grenzen, an die dabei das Übersetzen sehr häufig stößt, lassen vielleicht auch schon im Schüler (Kollegiaten) die Einsicht in die Unersetzbarkeit des fremdsprachlichen Originals wachsen – dieses hohe Lernziel verfolgte der Lateinunterricht zwar unausgesprochen schon immer, nun aber hat er es, zumal in der Oberstufe (Kollegstufe), explizit zu erfüllen.

2. Zur Verwendung des Buches

Das Buch ist so angelegt, daß der Stoff sowohl induktiv als auch deduktiv dargeboten werden kann.

Induktive Durchnahme: An einigen Sätzen des Übungsbuches wird der Stoff des jeweiligen Kapitels erarbeitet; die Grammatikdarstellung in der Übersetzungsschule braucht dann nur mehr zu Hause nachgelesen zu werden.
Deduktive Durchnahme: Die Stofferklärung in der Übersetzungsschule wird zuerst durchgelesen; dann werden die sprachlichen Regeln in den Sätzen des Übungsbuches nochmals einsichtig gemacht und vertieft.
Die Übersetzungsfähigkeit wird am intensivsten durch das Übersetzen der Originalsätze geschult; der Lehrer (Kursleiter) wird daraus je nach den Bedürfnissen seiner Lerngruppe eine Auswahl treffen. Die strukturierten Aufgabenstellungen geben Gelegenheit, die Kenntnis einzelner Erscheinungen einzuschleifen oder sie aus einer bestimmten Perspektive vertieft zu betrachten.
Für eine systematische oder okkasionelle Durchnahme der Schwerpunkte der Syntax stehen in der Mittelstufe und in der Oberstufe (Kollegstufe) nur eine begrenzte Anzahl von Stunden zur Verfügung; deshalb muß viel der häuslichen Eigenarbeit des Schülers (Kollegiaten) überlassen bleiben. Dem trägt das Buch Rechnung: Es will den Unterricht entlasten; die Übersetzungsschule bietet den Stoff so dar, daß er auch ohne Hilfe des Lehrers (Kursleiters) erarbeitet werden kann.

Das Buch dient demnach mehreren Zielen:

1. der systematischen Durchnahme der Schwerpunkte der Syntax in der Mittelstufe, bes. in der 11. Jahrgangsstufe (auch um den Niveauausgleich von Latein I und Latein II zu ermöglichen[1]),
2. der okkasionellen Wiederholung bestimmter syntaktischer Erscheinungen in der Oberstufe/Kollegstufe (in Erfüllung der Lernziele des Curricularen Lehrplans),
3. dem Studium der syntaktischen Erscheinungen unter dem Gesichtspunkt der Sprachreflexion (entsprechend den Forderungen des Curricularen Lehrplans),
4. der Beseitigung von Wissenslücken im Syntaxstoff, die beim Schüler (Kollegiaten) durch Krankheit oder aus anderen Gründen entstanden sind,
5. der intensiven Schulung der Übersetzungstechnik als Vorbereitung für Schulaufgabe, Kurzarbeit, Klausur, Abiturprüfung und Latinum (auch für das Staatsexamen),
6. zur Aktivierung der Eigenarbeit des Schülers (Kollegiaten) im Sinne der in der Oberstufe (Kollegstufe) gestellten neuen Aufgaben.

---

[1] Die Kursphase der Oberstufe (Kollegstufe) unterscheidet nicht zwischen Latein I und Latein II; der Niveauausgleich muß in der 11. Jahrgangsstufe und in den ersten Kurshalbjahren der Oberstufe (Kollegstufe) erreicht werden. – Die Stoffdarbietung dieses Buches hält sich deshalb im wesentlichen an die Grammatikkonzeptionen des vorausgehenden Sprachunterrichts (s. die Zusammenstellung der herangezogenen Werke zur Grammatik und Stilistik, S. 205).

Die Arbeit an der Entwicklung dieses Buches dauerte ca. 6 Jahre; sie begann mit sprachstatistischen Untersuchungen und Studien zur Lernökonomie und Übersetzungstheorie. Auf den dadurch gewonnenen Ergebnissen gründet die Konzeption des Buches. Es wurde während der Bearbeitung in den Einzelteilen und auch in der Gesamtanlage im Unterricht der Schule und der Universität laufend erprobt. Für zahlreiche Anregungen bin ich Schülern, Studenten, Referendaren und Kollegen sehr zu Dank verpflichtet; ebenso den Gutachtern, ohne deren fördernde Kritik das Buch nicht die vorliegende Gestalt hätte erhalten können. Dem Verlag danke ich für die stets faire Zusammenarbeit.

Der Verfasser

1. Teil: Übungsbuch

1 Temporalsätze

1. Fuit quoddam tempus, *cum* in agris homines passim bestiarum modo vagabantur et sibi victu fero vitam propagabant[1].

2. Verres *ut* praetor factus est, sortem nactus est urbanae provinciae.

3. *Dum* civitas erit, iudicia fient. – *Dum* differtur vita, transcurrit.

4. Mihi curae est, quid agas, *dum*, quid egeris, sciero.

5. Heraclitus *quotiens* prodierat[2] et tantum circa se male viventium, immo male pereuntium viderat, flebat.

6. Caedebatur civis Romanus, *cum interea* nulla vox illius miseri audiebatur nisi haec: „Civis Romanus sum".

7. *Priusquam* incipias, consulto, et, *ubi* consulueris, mature facto opus est.

8. *Postquam* fusas copias seque cum paucis relictum videt Catilina, in confertissimos[3] hostes incurrit ibique pugnans confoditur.

9. *Cum* ad gubernacula rei publicae temerarii atque audaces homines accesserant, maxima ac miserrima naufragia[4] fiebant.

10. *Ubi* labore atque iustitia res publica crevit et cuncta maria terraeque patebant, saevire fortuna ac miscere[5] omnia coepit.

11. *Cum* rex Pyrrhus[6] populo Romano bellum intulisset, perfuga ab eo venit in castra Fabricii[7] eique est pollicitus, si praemium sibi proposuisset, se illum veneno necaturum.

---

12. *Postquam* luxu atque desidia civitas corrupta est, rursus res publica magnitudine sua imperatorum atque magistratuum vitia sustentabat[8].

13. Tum res publica Romanorum non erat, *cum* leges in ea nihil valebant, *cum* iudicia iacebant moresque patrii occiderant.

---

[1] *propagare* hier: fristen [2] *prodire* hier: in der Öffentlichkeit auftreten
[3] *confertus, -a, -um* vollgestopft, dichtgedrängt [4] *naufragium, -i* Schiffbruch
[5] *miscere* hier: verwirren, in Unordnung bringen
[6] *Pyrrhus* König der Molosser in Epirus (306–302 und 297–273)
[7] *Fabricius* römischer Konsul, Gegenspieler des Pyrrhus
[8] *sustentare* aufrecht erhalten, aushalten, ertragen

1

14. Quid habent eorum inimicitiae periculi, quorum animos iam *ante* habueris inimicos et invidos, *quam* ullas inimicitias susceperis?

15. Imbecillus est primo omnis affectus, deinde ipse se concitat et vires, *dum* procedit, parat.

16. Gyges *cum* palam[1] illius anuli ad palmam[2] converterat, a nullo videbatur, ipse autem omnia videbat; idem rursus videbatur, *cum* in suum locum anulum inverterat.

17. Nonnulli homines, *cum* per silvas et campos erraticam degerent[3] vitam nec ullo inter se sermonis aut iuris vinculo cohaererent, bestiis praedae fuisse commemorant.

18. Alimenta, quae accepimus, *quamdiu* in sua qualitate perdurant[4] et solida innatant stomacho, onera sunt; at *cum* ex eo, quod erant, mutata sunt, tum demum in vires et in sanguinem transeunt.

Epaminondas' Ende

Epaminondas, *cum* animadverteret mortiferum se vulnus accepisse simulque, si ferrum, quod ex hastili[5] in corpore remanserat, extraxisset, animam statim emissurum, usque eo retinuit, *quoad* renuntiatum est vicisse Boeotios; id *postquam* audivit, „Satis", inquit, „vixi: invictus enim morior". Tum ferro extracto confestim exanimatus est.

Cornelius Nepos
Epaminondas 9,3–4

Satzanalyse (Epaminondas' Ende, 1. Satz)

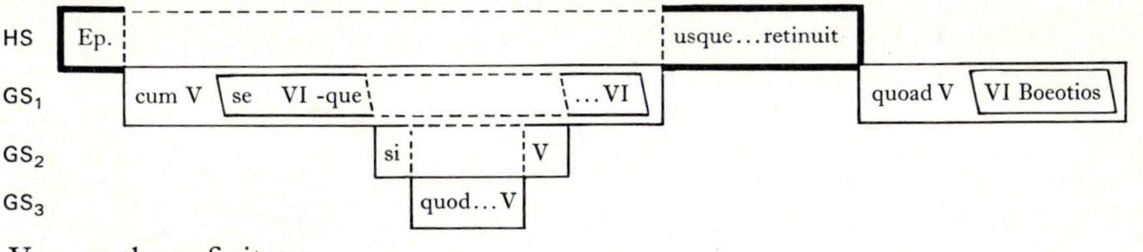

V = verbum finitum
VI = verbum im Infinitiv
Das Symbol _\ bedeutet ‚Satz im AcI'.
(Über diese Analyse-Methode s. S. 198f.)

---

[1] *pala, -ae* Fassung (des Ringes) [2] *palma, -ae* die flache Hand (Innenseite der Hand)
[3] *erraticam vitam degere* hier: ein Nomadenleben führen
[4] *perdurare* fortdauern, fortbestehen
[5] *hastile, -is* Pfahl, der Schaft des Wurfspießes, Wurfspieß, Speer

1 Strukturübungen

1. *Welche der jeweils nachfolgend angegebenen Konjunktionen verbindet die beiden Sätze in einer sinnvollen und der Konstruktion angemessenen Weise?*

Recordare tempus illud, ... maerens iacebas in lecto!	(**dum** / **quotiens** / **cum**)
Archimedes, ... formas geometricas in pulvere describit, patriam expugnatam non sensit.	(**ubi** / **dum** / **quamdiu**)
... maiora hostium agmina obsaepiant iter, erumpamus!	(**postquam** / **cum** / **antequam**)

2. *Wie ist das Tempus und der Modus der folgenden lateinischen Gliedsätze im Deutschen wiederzugeben?*

Loco non cedam, **quoad** mihi **obsecutus eris**.	Ich werde nicht von der Stelle weichen, bis Du mir ... (gehorchen).
In optimis quoque, **antequam erudias**, virtutis materia, non virtus est.	Auch bei den Besten ist, bevor man sie ... (erziehen), nur der Stoff für Tüchtigkeit, nicht die Tüchtigkeit selbst vorhanden.
Ut finem orationi Caesar **imposuit**, clamor undique oritur.	Sobald Caesar seiner Rede ein Ende ... (machen), entstand überall Geschrei.

3. *Temporale Konjunktionen lassen sich auch nach den besonderen Sinnrichtungen, die sie angeben, einteilen. Ordnen Sie die einzelnen Konjunktionen den nachfolgend angegebenen Einteilungsbereichen zu!*

cum (m. Konj.) – quamdiu – quotiens – ubi – cum primum – donec – dum – ut – quoad – postquam – simulatque – dum (Ind. Präs.) – priusquam

Bloßes Registieren	....
Genaue Fixierung	....
Wiederholung	....
Unverzügliche Abfolge	....
Zeitliches Zusammenfallen	....

Spruchweisheit

* UT SEMEL EMISSUM EST, VOLAT IRREVOCABILE VERBUM.
DUO CUM FACIUNT IDEM, NON EST IDEM.

Das Sternchen * zeigt hier und im folgenden jeweils an, daß der vorliegende Satz ein Vers ist.

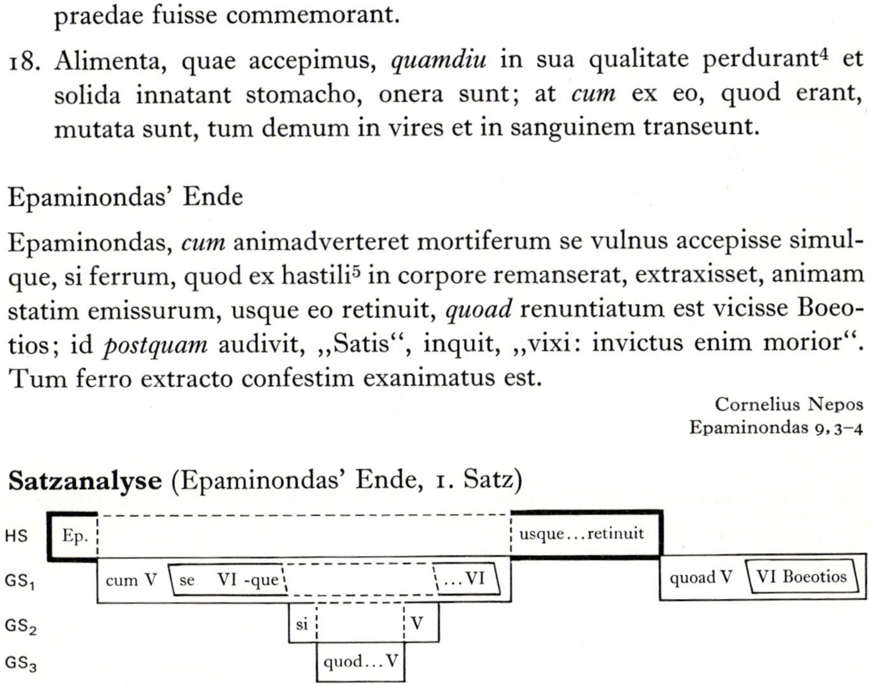

2 Kausal-, Konsekutiv-, Konzessiv- und Finalsätze

1. T. Manlius Torquatus bello Gallico filium suum, *quod* is contra imperium in hostem pugnaverat, necari iussit.
2. Pollio[1] ne epistulam quidem post decumam horam legebet, *ne* quid novae curae nasceretur.
3. *Quamquam* omnis virtus nos ad se allicit, tamen iustitia et liberalitas id maxime efficit.
4. Senectus *quamvis* non sit gravis, tamen aufert homini viriditatem[2].
5. Cimoni turpe non fuit sororem germanam[3] habere in matrimonio, *praesertim cum* eius cives eodem uterentur instituto.
6. Eum hominem intellegimus divitem, cui tanta possessio sit, *ut* ad liberaliter vivendum facile contentus sit.
7. Druentia[4] flumen, *cum* aquae vim vehat ingentem, non tamen navium patiens est.
8. Sapiens opes contemnet, *quia* fragiles sunt, et si habuerit, dilargietur[5], *ut* miseros servet.
9. Totae res rusticae eiusmodi sunt, *ut* eas non ratio neque labor, sed res incertissimae, venti tempestatesque, moderentur.
10. Dionysius[6] *cum* in communibus suggestis[7] consistere non auderet, contionari[8] ex turri alta solebat.
11. *Licet* ipsa vitium sit ambitio, frequenter tamen causa virtutum est.
12. Cum vita sine amicis plena insidiarum sit, ratio ipsa monet, ut amicitias comparemus.

---

13. Romulus prudentissime urbem Romam perennis[9] amnis et aequabilis et in mare influentis posuit in ripa, *quo* posset ea et accipere ex mari, quo egeret, et reddere, quo redundaret.

---

[1] *Asinius Pollio* Politiker des 1. Jhdts. v. Chr.; widmete sich am Lebensende der Literatur, Kunst und Wissenschaft. [2] *viriditas, -atis* hier: Jugendfrische
[3] *germanus, -a, -um* leiblich, echt, wahr
[4] *Druentia* Nebenfluß des Rhodanus (Rhône) in Gallien
[5] *dilargiri* freigebig austauschen, verschenken
[6] *Dionysius* Tyrann von Syrakus (4. Jhdt. v. Chr.)
[7] *suggestum, -i* hier: Rednertribüne [8] *contionari* hier: öffentlich reden
[9] *perennis, -e* fortdauernd, immerwährend

2

14. Aliae in historia leges observandae sunt, aliae in poemate, *quippe cum* in illa ad veritatem referuntur pleraque, in hoc ad delectationem.

15. *Quamvis* sint demersae leges alicuius opibus, *quamvis* timefacta[1] libertas, emergunt tamen haec aliquando.

16. Nemo istud M. illi Catoni seni, *cum* plurimos haberet inimicos, nemo huic ipsi nostro C. Mario, *cum* ei multi inviderent, obiecit umquam, quod e municipiis venerant.

17. Deus *cum* formaret hominem velut simulacrum[2] suum, quod erat divini opificii summum, inspiravit[4] ei sapientiam soli, *ut* omnia imperio ac dicioni suae subiugaret[5] omnibusque mundi commodis uteretur.

18. *Cum* praesidii causa homines societatem cum hominibus inierint et sanxerint, foedus illud aut violare aut non conservare summum nefas putandum est.

19. Hannibal e pugna Cannensi tres modios[6] anulorum aureorum Carthaginem misit, *quo* intellegerent tantam in illo proelio dignitatem[7] cecidisse, *ut* facilius eam caperet mensura quam numerus.

20. Homo *licet* prudens sit, *licet* exacto faciat cuncta iudicio[8], *licet* nihil supra vires suas temptet, tamen non continget illi bonum illud integrum et extra minas fortunae positum, nisi certus adversus incerta est.

Aemilius Paullus' letzter Wunsch

L. Aemilius Paullus[9] Cn. Lentulo, *cum* ei suaderet, *ut* equo e pugna evaderet, „Me in hac strage[10] militum meorum", inquit, „patere exspirare, *ne* aut reus iterum e consulatu sim aut accusator collegae exsistam, *ut* alieno crimine innocentiam meam protegam!"

Livius
Ab urbe condita XX 49, 11

---

1 *timefactus, -a, -um* hier: erschreckt, eingeschüchtert 2 *simulacrum, -i* Bildnis, Ebenbild
3 *opificium, -i* hier: Schöpfungsakt 4 *inspirare* einhauchen, einflößen
5 *dicioni suae subiugare* seiner Herrschaft unterwerfen
6 *modius, -i* Scheffel (röm. Getreidemaß: 8,75 l)
7 *tanta dignitas* hier: eine so große Zahl an Würdenträgern
8 *exactum iudicium* hier: vollkommene Urteilskraft
9 *L. Aemilius Paullus* römischer Feldherr (ca. 228–160); besiegte den Makedonenkönig Perseus.
10 *strages, -is* Niederwerfen, Einsturz, Mord, Vernichtung

2 **Satzanalyse** (Satz 17, S. 16)

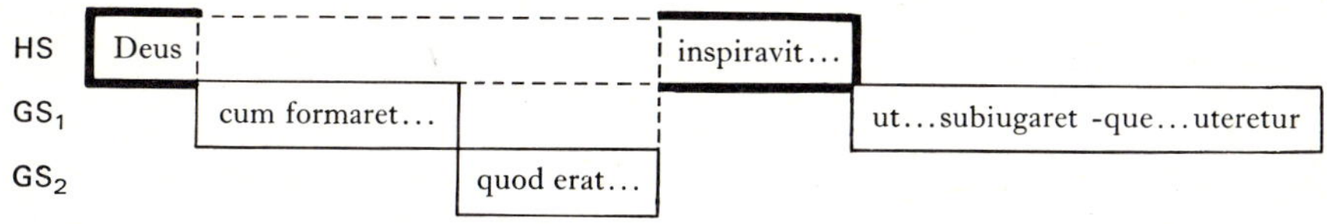

Strukturübungen

1. *Geben Sie folgende Teilsätze mit treffenden deutschen Übersetzungen wieder!*

Ut eo, unde egressa est, referat se oratio, ...
Ne quid de Gallis loquar, ...
Ut de me ipso fatear, ...
Ne ad aliud, quam de quo agitur, abducar, ...
Ut tollatur error, ...
Ut paucis verum absolvam, ...
Locutus est perverse, **ne** dicam impudenter, ...
Age **ut** a singulis ad universos transgrediar, ...

2. *Stellen Sie zwischen den sich jeweils gegenüberstehenden Aussagen die sinnvollste kausallogische Verknüpfung her! Dabei ist eine der in Klammern angegebenen Konjunktionen zu wählen. Beachten Sie dabei auch den Modus des Gliedsatz-Prädikats!*

Caesar Gallorum gentes subegit,	... imperium Romanum augeret. (**cum / ut / ne / quamvis**)
... Catilina rebus novis studebat,	res publica labefactata est. (**etsi / quod / quoniam / quamquam**)
... Hannibal totam fere Italiam occupavisset,	de rebus Romanis actum non erat. (**ut / quo / praesertim cum / cum**)
Cicero Athenas se contulit,	... maiorem operam Graecorum litteris dare posset. (**licet / ut non / quo / quippe cum**)

Waagrecht:

3. cum mit Konj.; 5. dt.: ‚momentum' (Umgangswort); 6. cum mit Ind.; 8. griech. Vorsilbe in Fremdwörtern; 10. frz.: ‚amicus'; 12. dt.: ‚Da!' 13. cum als Präposition; 14. Tag des römischen Kalenders; 17. engl.: ‚in', ‚super'; 18. engl.: ‚tranquillus'; 19. dt.: ‚pecus' 20. cum mit Konj.

Senkrecht:

1. dt.: ‚sine'; 2. frz.: fuscus; 3. cum mit Konj.; 4. ne mit Konj.; 6. cum mit Konj.; 7. dt.: ‚nomen'; 9. dt.: ‚glacies'; 11. dt.: ‚mihi'; 15. deutsches von ‚domus' abgeleitetes Lehnwort (Genitiv); 16. frz.: ‚invidia'.

Lösung s. S. 205!

Für die lateinische Konjunktion ist jeweils eine passende deutsche Übersetzung zu wählen. Die lateinischen Wörter sind jeweils in ihrer deutschen Bedeutung (dt.) oder in der jeweils angegebenen fremdsprachlichen Entsprechung (engl./frz.) einzusetzen.

Spruchweisheit

* SPECTATUM VENIUNT, VENIUNT SPECTENTUR UT IPSAE.

* UT DESINT VIRES, TAMEN EST LAUDANDA VOLUNTAS.

3 Kondizional- und Komparativsätze

1. Non obtinebis[1], ut desinat affectus, *si* incipere permiseris.

2. Turpis excusatio est, *si* quis contra rem publicam se amici causa fecisse fateatur.

3. Unde tibi in servos tantum et tam immane fastidium[2], *quasi* non ex iisdem ac tu et constent et alantur elementis?

4. *Si* telo primam aciem praefregeris[3], reliquo ferro vim nocendi sustuleris.

5. Syracusis Marcellus[4] aedificiis omnibus, publicis privatis, sacris profanis, sic pepercit, *quasi* ad ea defendenda cum exercitu, non oppugnanda venisset.

6. *Si* studiis quidem scholas prodesse, moribus autem nocere constaret, potior mihi ratio vivendi honeste quam vel optime dicendi videretur.

7. *Ut* corpora lente augescunt, cito exstinguuntur, *sic* ingenia studiaque oppresseris facilius quam revocaveris.

8. *Quemadmodum* maxime mortiferi morsus solent esse morientium bestiarum, *sic* plus negotii fuit Romanis cum semiruta[5] Carthagine quam cum integra.

9. *Si* beneficia in rebus, non ipsa bene faciendi voluntate consisterent[6], eo maiora essent, quo maiora sunt, quae accepimus.

10. Non ad saltandum ludendumque tanta hominum cupiditas tenderet, *nisi* naturalem quandam voluptatem haberet lusus iocusque.

11. Caesare et Pompeio mortuis populus Romanus aliter salvus esse non potuit, *nisi* confugisset ad servitutem.

---

12. *Sicut* bona innumerabilia data sunt, quibus homo frui posset, *sic* etiam mala, quibus careret. – Illum Gygis anulum *si* habeat sapiens, nihilo plus sibi licere putet, quam *si* non haberet.

---

[1] *obtinere* hier: in der Hand haben [2] *fastidium, -i* Ekel, Überdruß, Abscheu
[3] *praefringere* vorne, oben abbrechen [4] *M. Claudius Marcellus* römischer Heerführer; erobert nach zweijähriger Belagerung (213–212 v. Chr.) Syrakus. [5] *semi-rutus* halbzerstört
[6] *consistere in* auf etwas beruhen, gründen

3

13. Ratio neque tam nos iuvaret neque tam esset in vobis manifesta, *nisi*, quae concepissemus mente, promere[1] etiam loquendo possemus.

14. Corpus imperii Romani haud dubie numquam coire et consentire potuisset, *nisi* unius praesidis[2] metu *quasi* anima ac mente regeretur.

15. Cicero professus est: „Corpus libenter obtulerim, *si* repraesentari[3] morte mea libertas civitatis potest".

16. Metellus[4] legatis persuasit, ut Iugurtham maxime vivum, *sin* id parum procederet, necatum sibi traderent.

17. Natura *tamquam* ceteris non sit habitura, quod largiatur, *si* uni cuncta concesserit, aliud alii commodi, aliquo adiuncto incommodo, muneratur.

18. *Quemadmodum* membris utimur prius, quam didicimus, cuius utilitatis causa ea habeamus, *sic* inter nos natura ad civilem communitatem coniuncti et consociati sumus.

19. Syracusis expugnatis Marcellus[5] aedificiis omnibus, publicis privatis, sacris profanis sic pepercit, *quasi* ad ea defendenda cum exercitu, non oppugnanda venisset. Idem putavit, *si* huius urbis ornamenta domum suam non contulisset, domum suam ornamento Romae futuram.

20. *Si* corpus perduci exercitatione ad hanc patientiam potest, qua et pugnos[6] pariter et calces[7] non unius hominis ferat, qua solem ardentissimum in ferventissimo[8] pulvere sustinens aliquis et sanguine suo madens[9] diem ducat, quanto facilius animus conroborari possit, ut fortunae ictus[10] invictus excipiat, ut proiectus, ut conculcatus[11] exsurgat?

Corriger la fortune

Ita vita hominum, quasi cum ludas tesseris[12]:
si illud, quod maxime opus est iactu, non cadit,
illud, quod cecidit, id arte ut corrigas.

Terenz
Adelphi 4,7

---

[1] *promere* hervorholen, herausbringen, zum Ausdruck bringen
[2] *praeses, -idis* Schützer, Vorgesetzter, Lenker
[3] *repraesentare* hier: bewirken, gewährleisten
[4] *Metellus:* römischer Konsul (109 v. Chr.); führte den Krieg gegen den Numidierkönig Jugurtha.
[5] *Marcellus* römischer Heerführer [6] *pugnus, -i* Fausthieb [7] *calx, -cis* hier: Fußtritt
[8] *ferventissimus, -a, -um* glühend heiß [9] *madere* naß sein, triefen
[10] *ictus, -us* Schlag, Hieb
[11] *conculcatus* hier: zusammengeschlagen, zusammengetreten
[12] *tesserae, -arum* hier: Spielwürfel

3 **Satzanalyse** (Satz 20, S. 20)

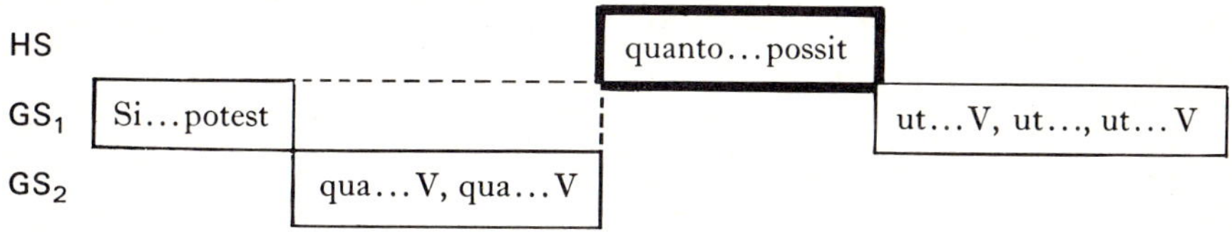

Strukturübungen

1. *In den folgenden Reihen entsprechen sich jeweils zwei Wörter im Sinne einer Korrelation. Welche gehören zusammen und wie sind sie jeweils zu übersetzen?*

1	quam
2	quemadmodum
3	quantum
4	quo
5	quot

A	tantum
B	eo
C	tam
D	tot
E	sic

2. *Wie ist in den folgenden Sätzen jeweils der Konjunktiv Plusquamperfekt aufzufassen und zu übersetzen?*

Si humanitatem **exuisses** omnem, non homo, sed bestia **fuisses.**
Ita vixisti, velut si ad nullam rem nisi ad voluptates **natus esses.**
Si te **vidissem**, me respiraturum esse sciebam.

3. *Worin liegt in den folgenden Vergleichssätzen jeweils das tertium comparationis?*

Quemadmodum socius in societate habet partem, **sic** heres in hereditate habet partem.
Ut magistratibus leges, **ita** populo praesunt magistratus.

Spruchweisheit

* SI FRACTUS INLABATUR ORBIS,
IMPAVIDUM FERIENT RUINAE.

* QUOD SI DEFICIANT VIRES, AUDACIA CERTE
LAUS ERIT: IN MAGNIS ET VOLUISSE SAT EST.

CONSUETUDO QUASI ALTERA NATURA.

4 Objekt- und Subjektsätze (I)

Begehrenssätze und konjunktivische Aussagesätze

1. Peto a te, vel si pateris, oro, *ut* homines miseros conserves incolumes.
2. *Cave* posthac umquam istud verbum ex te audi*am*.
3. Rebus humanis multa externa, *quominus* perficiantur, possunt obsistere.
4. Fabius enixe operam dedit, *ut* Poenis victoriam partam extorqueret.
5. Fit nescio quomodo, *ut* magis in aliis cernamus quam in nobismet ipsis, si quid delinquitur.
6. Animus tuus *oportet* te iudic*et* divitem, non hominum sermo.
7. Beneficium acceptum col*amus oportet*, ne ingrati videamur.
8. Augustus in illo Monumento Ancyrano scripsit: „Res publica *ne* quid detrimenti[1] caperet, ⟨senatus⟩ me pro praetore simul cum consulibus providere iussit."
9. Te hortor, *ut* omnia gubernes et modereris prudentia tua, ne te auferant aliorum consilia.
10. Fieri potest, *ut* recte quis sentiat et id quod sentit polite[2] eloqui non possit.
11. *Ut* satis vixerimus, nec anni nec dies perficiunt, sed animus.
12. Orator perfectus assequitur, *ut* alio tempore cogitet, quid dicat, et alio dicat.
13. Non vereor, *ne* quid timide, *ne* quid stulte facias, si ea defendes, quae ipse recta esse senties.
14. Id egit rerum natura, *ut* ad bene vivendum non magno adparatu[3] opus esset: unusquisque facere se beatum potest.
15. Tantus est innatus in nobis cognitionis amor et scientiae, *ut* nemo dubitare possit, *quin* ad eas res hominum natura nullo emolumento[4] invitata rapiatur.

---

[1] *detrimentum, -i* Schaden [2] *politus, -a, -um* geglättet, geschmackvoll
[3] *adparatus/apparatus, -us* Vorbereitung, Zurüstung, äußere Aufmachung, Prunk
[4] *emolumentum, -i* „Mahlertrag", Vorteil, Gewinn

4 16. Cimon numquam in hortis custodem imposuit, *ne* quis impediretur, *quominus* eis rebus, quibus quisque vellet, frueretur.

17. Hominibus otiosis idem propositum est, quod regibus, *ut ne* qua re egeant, *ne* cui pareant, libertate utantur, cuius proprium est sic vivere, ut velis.

18. Philosopho, qui per ignorantiam recti a ratione descivit, id solet evenire, quod viatori viam nescienti et non fatenti se ignorare, *ut* vagetur, dum percontari obvios erubescit[1].

19. Cum Hasdrubale, qui id agebat, *ut* rem publicam non bello aut armis, sed persuadendo et clementia augeret, Romani foedus renovaverunt, *ut* finis utriusque imperii Iberus[2] esset neve (neque) Saguntum bello peteretur.

20. *Ut* homines fidem colere et iustitiam retinere discerent et aliis parere sua voluntate consuescerent ac non modo labores excipiendos communis commodi causa, sed etiam vitam amittendam existimarent, qui tandem fieri potuit, nisi homines ea, quae ratione invenissent, eloquentia persuadere[3] potuissent?

Ciceros Rollen als Rechtsanwalt

Equidem soleo dare operam, *ut* de sua quisque re me ipse doceat et *ut ne* quis alius adsit, quo liberius loquatur, et agere adversarii causam, *ut* ille agat suam et, quicquid de sua re cogitarit, in medium proferat; itaque cum ille discessit, tres personas unus sustineo summa animi aequitate: meam, adversarii, iudicis.

Cicero
De oratore II 102

Ein Wortspiel

Amari iucundum est, si curetur, ne quid insit amari.

Cicero

---

[1] *erubescere* hier: sich schämen [2] *Iberus* Ebro, Fluß in Spanien
[3] *persuadere* hier: mit Überzeugungskraft durchsetzen

4 Strukturübungen

1. *Bei den folgenden Sätzen ist in die Lücke jeweils eine Konjunktion zu setzen; sie wird vom Prädikat des übergeordneten Satzes gefordert. Drei Konjunktionen sind zur Wahl gestellt.*

Cavendum est, . . . extra modum prodeas.
(**quominus** / **ut** / **ne**)

Fit, . . . magis in aliis cernamus vitia quam in nobismet ipsis.
(**ut** / **quin** / **ne**)

Me infirmitas valetudinis impedivit, . . . ad ludos venirem.
(**quin** / **quominus** / **ut**)

Omnes labores te excipere video; timeo, . . . sustineas.
(**ut** / **ne** / **quominus**)

Dubium non est, . . . Homerus caecus fuerit.
(**quominus** / **ne non** / **quin**)

2. *Übersetzen Sie folgende Objektsätze zunächst mit einem Gliedsatz bzw. Infinitivsatz und dann, wenn möglich, mit einer Substantivverbindung!*

(Muster: Postulo, ut in tempore in urbem redeatis.
Ich verlange von euch, daß ihr rechtzeitig in die Stadt zurückkehrt.
. . . . . rechtzeitig in die Stadt zurückzukehren.
. . . . . die rechtzeitige Rückkehr in die Stadt.)

Quis dubitabit, quin in re publica nostra eloquentia primas teneat partes?
Non deterret sapientem mors, quominus in omne tempus rei publicae consulat.

Differenzierungsübung: Viermal ne!

Was bedeutet **ne** *in den folgenden vier Sätzen?*
(daß / daß nicht / damit nicht)

Nolo esse laudator, **ne** videar adulator.
Pavor ceperat milites, **ne** mortiferum esset vulnus Scipionis.
Hoc et potuisti prohibere, **ne** fieret, et debuisti.
Vos adepti estis, **ne** hominibus nefariis ludibrio[1] essetis.

Spruchweisheit

SOLI HOC CONTINGIT SAPIENTI, UT NIHIL FACIAT INVITUS.
SI IUDICIA NULLA SUNT, VIS DOMINETUR NECESSE EST.

---

[1] *ludibrium, -i* Spott, Hohn

5 Objekt- und Subjektsätze (II)

Sätze mit faktischem quod und indirekte Fragesätze

1. Hoc uno praestamus vel maxime feris, *quod* colloquimur inter nos et exprimere dicendo sensa possumus.

2. Quaerendum est, *an* confundatur animus ac fatigetur multis disciplinis in diversum tendentibus.

3. Multi scire volunt, immortalis sit mundus *an* inter caduca[1] et ad tempus nata numerandus.

4. Ea res me non deterruit, quominus litteras ad te mitterem, *quod* tu nullas ad me miseras, sed *quod* non dubitabam, quin ipse timens, ne animo caderem[2], te consolari non possem.

5. Caesar centurionibus crimini dedit, *quod*, *quo* consilio ducerentur, sibi cogitandum putarent.

6. Aristotelem excepto Platone haud scio *an* recte dixerim principem philosophorum.

7. Semper vigilavi et providi, *quemadmodum* salvi esse possemus. – Haec negotia *quomodo* se habeant, ne epistula quidem narrare audeo.

8. Socrates apud iudices dixit magna se teneri spe bene sibi accidere, *quod* mitteretur ad mortem.

9. Accedit, *quod* patrem plus etiam amo quam ipse scit. – Quidam saepe in parva pecunia perspiciuntur, *quam* sint leves.

10. Tum apparet, *quanta* sit virtus *quantumque* polleat[3], cum, *quid* possit, patientiā ostendit.

---

11. Mihi in incerto iudicium est, fato*ne* res mortalium et necessitate immutabili *an* forte volvantur.

12. Gloria detracta quid est, *quod* in hoc tam exiguo vitae curriculo tantis nos in laboribus exerceamus?

---

[1] *caducus, -a, -um* hinfällig, vergänglich
[2] *animo cadere* den Mut sinken lassen, mutlos werden
[3] *pollere* stark, mächtig sein

5 13. Quaerendum est, unum sit hoc corpus[1], quod maria terrasque et mari ac terris inserta complectitur, *an* multa eiusmodi corpora deus sparserit.

14. Cogitate, *quantis* laboribus fundatum imperium, *quanta* virtute stabilitam[2] libertatem, *quanta* deorum benignitate auctas fortunas una nox paene delerit!

15. *Quanta* vis in re publica temporum sit, *quanta* varietas rerum, *quam* incerti exitus, *quam* flebiles hominum voluntates, *quid* insidiarum, *quid* vanitatis[3] in vita, non dubito, quin cogites.

16. *Qui* rebellantium fuerit furor Carthagine Romanis urbi instantibus, vel hinc intellegi potest, *quod* in usum novae classis tecta domuum resciderunt.

17. Dinosci arduum est, *utrum* Romana civitas Decium[4] utilius habuerit ducem *an* amiserit, quoniam vita eius, ne vinceretur, obstitit, mors fecit, ut vinceret.

18. Ex plurimis malis, quae ab Antonio rei publicae sunt inusta[5], hoc tamen boni exstitit, *quod* didicit iam populus Romanus, *quibus* se committeret, *a quibus* se caveret.

19. Tractanda quaestio est, utilius*ne* sit domi atque intra privatos parietes studentem continere, *an* frequentiae scholarum et velut publicis praeceptoribus tradere.

20. Milites faciunt inviti, ut coronam dent civicam et se ab ullo servatos esse fateantur, *non quo* turpe sit protectum in acie ex hostium manibus eripi, sed onus reformidant, quoniam permagnum est homini alieno idem debere quod parenti.

Augustus' siegreiche Rückkehr

Augustus reversus in Italiam atque urbem *quo* occursu, *quo* favore omnium hominum aetatum ordinum exceptus sit, *quae* magnificentia triumphorum eius, *quae* fuerit munerum, ne in operis quidem iusti[6] materia digne exprimi potest.

Velleius Paterculus
Historia Romana II 89

---

[1] *corpus, -oris* hier: Weltkörper
[2] *stabilire* befestigen, festmachen [3] *vanitas, -atis* Nichtigkeit, Leere
[4] Der Konsul *Decius Mus* fand im Latinerkrieg (340–338 v. Chr.) den Opfertod.
[5] *inustus, -a, -um* < *inurere* einbrennen, aufbrennen, zufügen
[6] *opus iustum* hier: ein regelrechtes (Geschichts-)Werk

5 Satzanalyse (Satz 20, S. 26)

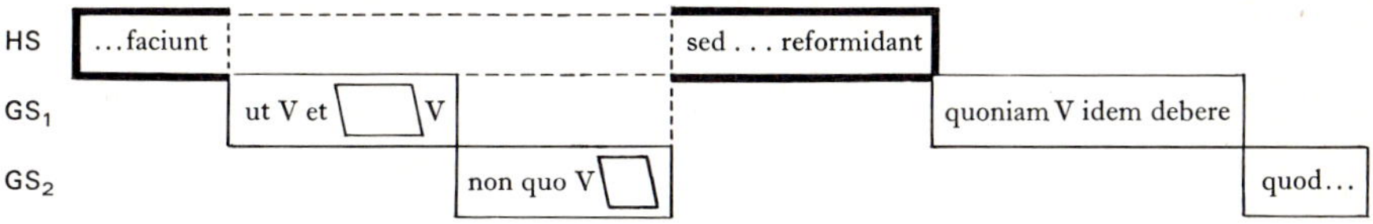

Das Symbol  bedeutet ‚Satz im AcI', s. S. 198!

Strukturübungen

1. *Unterscheide:*

Queror, **quod** me deseruisti. – Quaero, **quid** me deserueris.

2. *Welches Zeitverhältnis ist durch die Tempusangabe im Gliedsatz jeweils ausgedrückt?*

Me interrogavit, quid **agerem / egissem / acturus essem.**

3. *Im folgenden Text stehen mehrere indirekte Fragesätze – jeweils durch Strichpunkt voneinander abgesetzt. Von welchem übergeordneten Verbum sind alle Fragesätze abhängig? Wie läßt sich diese Besonderheit in der deutschen Übersetzung nachgestalten?*

Cogito mecum, **quam** multi corpora exerceant, ingenia quam pauci; **quantus** ad spectaculum lusorium[1] fiat concursus; **quanta** sit circa artes bonas solitudo; **quam** imbecilli animo sint, quorum lacertos umerosque miramur.

Struktur- und Stilvergleich

Vergleichen Sie den folgenden Satz mit dem Text „Epaminondas' Ende", Kap. 1, S. 2. In beiden Texten ist der gleiche Sachverhalt dargestellt. Welchen strukturellen und stilistischen Unterschied stellen Sie fest?

Epaminondas, cum vicisset Lacedaemonios apud Mantineam atque ipse gravi vulnere exanimari se videret, quaesivit, salvusne esset clipeus; cum salvum esse flentes sui respondisset, rogavit, essentne fusi hostes; cumque id quoque, ut cupiebat, audivisset, evelli iussit eam, qua erat transfixus, hastam.

Spruchweisheit

NESCIS, QUID VESPER SERUS VEHAT.
MULTUM INTEREST, REMITTAS[2] ALIQUID AN SOLVAS.

---

[1] *lusorius, -a, -um* spielerisch, nicht ernst, kurzweilig [2] *remittere* hier: lockern

6 Relativsätze (I)

Relativsätze in der Funktion des Attributs
Relativsätze mit adverbialem Nebensinn
Relative Satzverschränkung

1. Quid dulcius quam habere eum, *quocum* omnia aude*as* sic loqui ut tecum? – Qui esset tantus fructus in prosperis rebus, nisi haberes, *qui* illis aeque ac tu ipse gaude*ret*?

2. Multi et sunt et fuerunt, *qui* tranquillitatem[1] expetentes a negotiis publicis se remov*erint* ad otiumque perfug*erint*.

3. Religiones tolluntur, *quas* non metu, sed ea coniunctione, quae est homini cum deo, *conservandas* puto.

4. Dux lectissimos mittit, *qui* nocturnis hostes aggredi*antur* insidiis aut explor*ent* iter aut praesidium loco deici*ant*[2].

5. Apud Athenienses non deerant, *qui* rem publicam contra populi temeritatem defend*erent*, cum omnes, qui ita fecerant, e civitate eicerentur.

6. Magna vis est conscientiae, *quam qui neglegent*, se ipsi indicabunt[3].

7. Non sunt ea bona dicenda nec habenda, *quibus abundantem* licet esse miserrimum.

8. Epicurus non satis politus est eis artibus, *quas qui tenent*, eruditi appellantur.

9. Iustitiae officia pertinent ad hominum caritatem, *qua nihil* homini esse debet *antiquius*[4].

10. Ciceronis iudicium fuit omnia Romanos aut invenisse per se sapientius quam Graecos aut accepta ab illis fecisse meliora – *quae* quidem digna statu*issent*, *in quibus* elabora*rent*[5].

---

11. Quem ardorem studii censetis fuisse in Archimede, *qui*, dum in pulvere quaedam describit attentius, ne patriam quidem captam esse sens*erit*?

---

[1] *tranquillitas, -atis* Windstille, Ruhe, Frieden
[2] *loco deicere* aus der Stellung werfen
[3] *indicare* anzeigen, verraten, bekannt machen
[4] *antiquus, -a, -um* hier: wichtig, bedeutsam
[5] *elaborare* sich abmühen, eifrig bemühen, sorgfältig ausarbeiten

6 12. Apud Romanos pristinis temporibus agri lati et uberes definiebantur, *qui essent* regii col*erentur*que sine regum opera et labore, ut eos nulla privati negotii cura a populorum rebus abduceret.

13. Virtus ista, quam affectamus[1], magnifica est, non quia per se beatum est malo caruisse, sed quia animum dignum efficit, *qui* in consortium[2] deo veni*at*.

14. Si quis virtutibus vitia pensarit[3], Cicero vir magnus, acer, memorabilis fuit et, *in cuius laudes persequendas*[4] Cicerone laudatore opus fu*erit*.

15. De potione, *qua* Britannicus[5] *hausta* periit, Titus[6] quoque iuxta cubans gustasse creditur.

16. Homines futura modo bona exspectant, *quae quia certa esse non possunt*, conficiuntur et angore et metu.

17. Socrates nihil mali censet esse in morte, *in qua si sensus resideret*, potius immortalitas quam mors ea ducenda esset.

18. Solem e mundo tollere videntur, qui amicitiam e vita tollunt, *qua nihil* a dis immortalibus *melius* habemus, *nihil iucundius*.

19. Ne opinio quidem et fama, cui soli serviunt poetae et *quod unum esse pretium* omnis laboris sui fatentur, aeque poetas quam oratores sequitur, quoniam mediocres[7] poetas nemo novit, bonos pauci.

20. Sapientia est rerum divinarum et humanarum causarumque, quibus eae res continentur, scientia, *cuius studium*, *qui vituperat*, haud sane intellego quidnam sit, quod laudandum putet.

Wer ist für die Nahrung der Menschen verantwortlich?

Qui fieri potest, ut is, *qui* gubernat, abundantiam[8] earum rerum praebeat, *quae* ad vivendum necessariae sunt, cum deorum sit, hoc impertire, *qui* moderentur temporibus anni, unde fruges terrae et, quaecumque alia necessaria sunt, nobis obveniunt[9]?

Cicero
De virtutibus, fr. 14

---

[1] *affectare* erfassen, ergreifen, leidenschaftlich erstreben
[2] *consortium, -i* hier: Gemeinschaft
[3] *pensare* gegeneinander abwägen, miteinander vergleichen, beurteilen
[4] *persequi* hier: beschreiben, darstellen
[5] *Britannicus* Sohn des Kaisers Claudius (41–55 n. Chr.)
[6] *Titus* der spätere römische Kaiser (79–81 n. Chr.); er wurde gemeinsam mit Britannicus erzogen.
[7] *mediocris, -e* hier: mittelmäßig, unbedeutend
[8] *abundantia, -ae* Überströmen, Reichtum, Fülle
[9] *obvenire* begegnen, zuteil werden, zufallen

6 **Satzanalyse:** (Wer ist für die Nahrung der Menschen verantwortlich?)

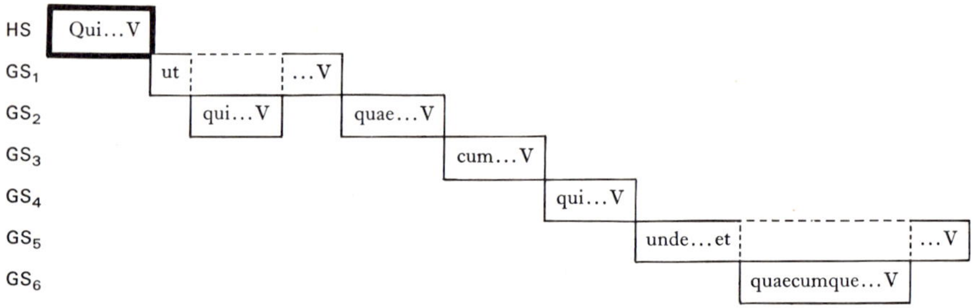

Strukturübungen

1. *Welchen adverbialen Nebensinn hat in den folgenden Sätzen jeweils der Relativsatz? Ordnen Sie dem Relativsatz jeweils eine Funktionsangabe zu!*

1	Sapientia est una, **quae maestitiam pellat ex animis.**
2	Constantem hominem, **qui glorietur a gloria se afuisse**!
3	Aristides unus, **quod quidem nos audierimus**, cognomine iustus appellatus est.
4	Multi aliis eripiunt, **quod aliis largiantur.**

A	restringierend
B	final
C	kausal
D	konsekutiv

2. *In den folgenden Beispielsätzen kann der Relativsatz im Deutschen nicht beibehalten werden. Welche andere(n) Konstruktion(en) tritt (treten) an seine Stelle?*

Socordia vestra digna est, **quae** reprehend**atur.**
Indigni estis, **quorum** salutem defend**amus.**

6 3. *Im folgenden liegen Teilstücke von Sätzen vor, in denen jeweils ein verschränkter Relativsatz enthalten ist. Suchen Sie dafür jeweils eine angemessene Übersetzung!*

Id, quod facere te scribis, ...
Plato, quem tu quanti facias, scio, ...
Insidiae, quas ille mihi paratas ab exulibus coniuratis audierat, ...
Is, quem maxime animadverterunt multitudini placuisse, ...
Omnia, quae senatus ne fieri possent providerat, ...
Loca, in quibus memoria dignos viros acceperimus multum esse versatos, ...
Phidiae simulacra, quibus nihil in illo genere perfectius videmus, ...
Superstitio[1], qua qui imbutus est, quietus esse potest numquam, ...
Romulus, cui cum solum quam cum altero regnare visum esset, ...
Iphigenia, qua nihil erat eo quidem anno natum pulchrius, ...

Sechs verschiedene Bedeutungen von quod

Welche jeweils verschiedene Bedeutung hat „quod" in den folgenden Sätzen?

1. Nihil habebam, **quod** scriberem.
2. Nihil habeo, **quod** incusem senectutem.
3. In hoc sumus sapientes, **quod** naturam sequimur.
4. Non est, **quod** te pudeat sapienti assentiri.
5. Panaetius[2] laudat Africanum, **quod** fuerit abstinens.
6. Te, **quod** meminerim, brevi rediturum pollicitus es.

Spruchweisheit

NATURA HOMINI ADDIDIT RATIONEM, QUA REGERENTUR APPETITUS[3].

GRAVE IPSIUS CONSCIENTIAE PONDUS, QUA SUBLATA IACENT OMNIA.

---

[1] *superstitio, -onis* Aberglauben
[2] *Panaetius* (gr. Panaitios) ein berühmter Stoiker (ca. 180–110 v. Chr.)
[3] *appetitus, -us* Trieb, Verlangen, Begierde

7 Relativsätze (II)

Relativsätze in der Funktion eines Satzgliedes

1. Cogito mecum, quam imbecilli animo sint, *quorum* lacertos[1] umerosque miramur.

2. Semper in civitate, *quibus* opes nullae sunt, bonis invident, malos extollunt, vetera odere, nova exoptant.

3. *Quod* crebro quisque videt, non miratur, etiamsi, cur fiat, nescit.

4. *Qui* in libera civitate ita se instruunt, ut metuantur, *his* nihil potest esse dementius.

5. *Quacumque* Athenis ingredimur, in aliqua historia vestigium ponimus.

6. Praeclare Ennius: „*Quem* metuunt, oderunt; *quem* quisque odit, ⟨*eum*⟩ periisse expetit."

7. Xerxes praemium proposuit, *qui* invenisset novam voluptatem.

8. Sunt, qui, *quod* sentiunt, etsi optimum sit, tamen invidiae metu non audeant dicere.

9. *Qui* agrariam rem[2] ita temptant, ut possessores pellantur suis sedibus, labefactant fundamenta rei publicae.

10. Sic animum componamus, ut, *quicquid* res exiget, *id* velimus et in primis ut finem nostrum sine tristitia cogitemus!

---

11. Augustus: „*Quae* per me fieri senatus voluit, per tribuniciam potestatem perfeci."

12. *Qui* se metui volent, *a quibus* metuentur, *eosdem* metuant ipsi necesse est. – *Quibus* regia potestas non placuit, non *ii* nemini, sed non semper uni parere voluerunt.

13. *Quae* illi audire aut legere solent, *eorum* partem vidi, alia egomet gessi.

14. *Quae* illi litteris, *ea* ego militando didici. – *In quo* malimus praestare hominibus, quam *quo* ipsi homines ceteris animalibus praestant?

---

[1] *lacertus, -i* Muskel, Oberarm, Arm [2] *agraria res* hier: Bodenreform

7

15. Nec privatos focos[1] nec publicas leges videtur nec libertatis iura cara habere, *quem* discordiae, *quem* caedes civium, *quem* bellum civile delectat.

16. Romae *qui* ea, quae faciebant quaeque dicebant, multitudini iucunda volebant esse, populares, *qui* autem ita se gerebant, ut sua consilia optimo cuique probarent, optumates habebantur.

17. Et qui bene imperat, paruerit aliquando necesse est, et qui modeste paret, videtur, qui aliquando imperet, dignus esse.

18. *Qui* imperia libens excipit, partem acerbissimam servitutis effugit, facere, *quod* nolit. Non *qui* iussus aliquid facit, miser est, sed *qui* invitus facit.

19. Terras, maria, sidera *qui* contemplatur, quid deo praestat? Ne tanta eius opera sine teste sint.

20. Quia suum cuiusque fit, eorum, *quae* natura fuerant communia, *quod* obtigit[2], id quisque teneat.

Vom Streben nach Wissen

Qui ingenuis studiis atque artibus delectantur, nonne videmus *eos* nec valetudinis nec rei familiaris habere rationem omniaque perpeti ipsa cognitione et scientia captos et cum maximis curis et laboribus compensare[3] *eam quam* ex dicendo capiant *voluptatem*?

Cicero
De finibus bonorum
et malorum V 18

Satzanalyse (Satz 16)

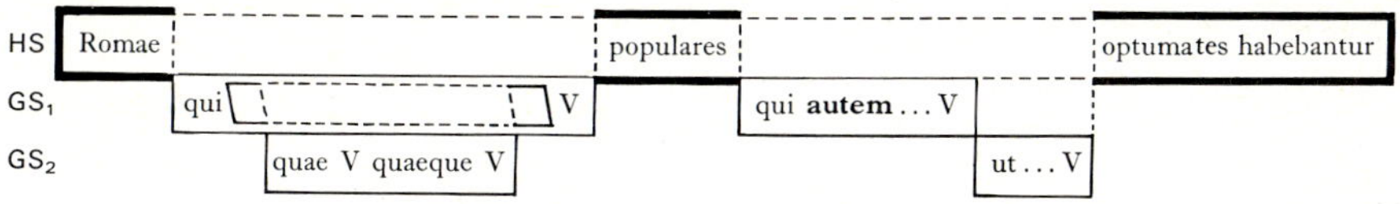

[1] *focus, -i* Feuerstätte, Herd und Hof, Besitz, Familie
[2] *obtingere* intr. zuteil werden, zufallen, zustoßen
[3] *compensare* abwägen, etwas durch etwas aufwiegen, wiedergutmachen, ausgleichen

7 Strukturübungen

1. *Übersetzen Sie folgende Sätze und stellen Sie fest, welche Form des Demonstrativpronomens im Lateinischen jeweils weggelassen ist!*

Video me desertum —, a quibus me deseri minime conveniebat.
Scipio, qui rem publicam salvam esse vellent, — se sequi iussit.

2. *Welche Funktion erfüllt der Relativsatz in folgenden Sätzen?*

Quidquid nos meliores beatosque facturum est, natura aut in aperto aut in proximo posuit.
Semper in proelio maximum est periculum, qui maxime timent.

3. *Die Funktion des Akkusativobjektes kann im Lateinischen von verschiedenen Gliedsätzen erfüllt werden. Welche Gliedsätze vertreten in den folgenden Beispielen das Akkusativobjekt?*

Zopyrus[1] a Dario petivit, ut sibi liceret pro transfuga in hostium castra se conferre.
Multi, quod sentiunt, non audent dicere.
Quam sit alma[2] pietas in patriam, multi viri vere Romani salutis suae impendio[3] testati sunt.

Kombinationsübung

Kombinieren Sie folgende Teilsätze! Welche Relativsätze bilden jeweils das inhaltlich passende Subjekt zu den Hauptsätzen?

1	Bene vixit,
2	Potest fortunam cavere,
3	Felix (est),
4	Bis dat,

A	qui cito dat.
B	qui potuit rerum cognoscere causas.
C	qui bene latuit.
D	qui potest ferre.

Spruchweisheit

DIMIDIUM FACTI, QUI COEPIT, HABET.
* QUICUMQUE TURPI FRAUDE SEMEL INNOTUIT,
ETIAMSI VERUM DICIT, AMITTIT FIDEM.
* FELIX, QUEM FACIUNT ALIENA PERICULA CAUTUM.

---

[1] *Zopyrus* vornehmer Perser, der durch eine Kriegslist dem Darius I. half, das lange vergeblich belagerte Babylon zu erobern. [2] *almus, -a, -um* nährend, fruchtbar
[3] *impendium, -i* Aufwand, Opfer

8 Relativsätze (III)

Besondere Stellung des Bezugswortes
Relativer Satzanschluß

1. *Quae* cupiditates a natura proficiscuntur, facile explentur, sine ulla iniuria.
2. Deus nulla re magis hominem separavit *a ceteris*, *quae* quidem mortalia essent, *animalibus* quam dicendi facultate.
3. *Quae* gravissime afflictae erant *naves*, *earum* materia Caesar ad reliquas reficiendas utebatur.
4. Hannibal a rege Antiocho receptus erat; *ad quem* cum legati venissent Romani, veritus est, ne dederetur.
5. Oratoris officium est *de iis rebus* posse dicere, *quae res* ad usum civilem constitutae sunt.
6. Epicuri[1] non licet oblivisci, etiamsi cupiam; *cuius* imaginem nostri familiares etiam in anulis habent.
7. Viri innocentes atque constantes rem publicam regant, *cuius generis* est magna penuria[2].
8. Gallia, *quae terra* a Pyrenaeo monte marique interno[3] usque ad Rhenum fretumque Gallicum pertinet, vino abundat.
9. Nihil est optabilius animi tranquillitate; *qua* qui caret, eum ne regales quidem opes quicquam iuvant.
10. Civibus, *quod* in adversis rebus optaverant *otium*, postquam adepti sunt, asperius acerbiusque fuit.

---

11. Crassus se, *quem principatum* solus adsequi non poterat, auctoritate Pompei viribus tenere arbitratus est.
12. Pietas in patriam salutis et securitatis publicae firmissimum est columen[4]. *Quae virtus* quam sit alma, multi vere Romani salutis suae impendio[5] testati sunt.

---

[1] *Epicurus* griechischer Philosoph und Begründer der Schule der Epikureer (4./3. Jhdt. v. Chr.)
[2] *penuria, -ae* Mangel [3] *mare internum* Mittelmeer
[4] *columen, -inis* Spitze, Giebel, First, Gipfel, Säule [5] *impendium, -i* Aufwand, Opfer

13. *Quod* est bonum, omne laudabile est, *quod* autem laudabile est, omne honestum est. Bonum igitur *quod* est, honestum est.

14. Nuntiatum mihi est C. Fannium[1] decessisse, *qui nuntius* me gravi dolore confudit, primum quod amavi hominem elegantem, disertum, deinde quod iudicio eius uti solebam.

15. Est amicitia nihil aliud nisi omnium divinarum humanarumque rerum cum benevolentia et caritate consensio; *qua* quidem haud scio an excepta sapientia nihil melius homini sit a dis immortalibus datum.

16. *Ea* pars philosophiae, *quae* ad deos pertinet, multo supra *hanc*, *in qua* volutamur[2], *caliginem*[3] excedit et ⟨nos⟩ tenebris ereptos perducit illo, unde lucet.

17. Etiam in bestiis vis naturae perspici potest; *quarum* in fetu et in educatione laborem cum cernimus, naturae ipsius vocem videmur audire.

18. In Phalericum[4] descendi, *quo in loco* ad fluctum aiunt declamare solitum Demosthenem, ut fremitum assuesceret voce vincere.

19. *Quae res* mihi non mediocrem consolationem attulit, volo tibi commemorare, si forte eadem res tibi dolorem minuere possit.

20. Est unum ius, *quo* devincta est hominum societas et *quod* lex constituit una, *quae lex* est recta ratio imperandi atque prohibendi. *Quam* qui ignorat, is est iniustus, sive est illa scripta uspiam sive nusquam.

Wie fand Gyges seinen Ring?

Gyges, cum terra discessit magnis imbribus, descendit in illum hiatum aeneumque equum animadvertit, *cuius in lateribus* fores essent; *quibus* apertis corpus hominis mortui vidit magnitudine inusitata anulumque aureum in digito; *quem* ut detraxit, ipse induit – erat autem regius pastor – tum in concilium se pastorum recepit.

Cicero
De officiis III 9

---

[1] *C. Fannius* ein berühmter Redner, der zur Zeit Scipios des Jüngeren lebte
[2] *volutari* hier: sich befinden
[3] *caligo, -inis* Dunst, Nebel, Düsterheit, geistige Finsternis
[4] *Phalericus, -i* Hafen von Phalerus (südwestlich von Athen gelegen)

8 Strukturübungen

1. *Übersetzen Sie die folgenden Teilstücke von Sätzen, in denen jeweils ein „eingebetteter" Relativsatz vorkommt!*

– propter istam, quam iactas, familiaritatem –
– eam, quam dico, pacem petentes –
– contra eos, quos dixi otiosos, viros –

2. *Welche besondere Stellung hat das Bezugswort des Relativsatzes in den folgenden Sätzen?*

Diem dicunt, qua die omnes conveniant.
Ad quas res aptissimi erimus, in iis potissimum elaborabimus.
Non longe aberant ab Haeduorum finibus, quae civitas cum Romanis amicitia erat coniuncta.

3. *Übersetzen Sie folgende mit relativem Satzanschluß gestaltete Teilsätze bzw. Satz-Teilstücke!*

– quo cum venisset –
– quod ubi Romam est nuntiatum –
– quibus rebus cognitis –
– quo facto –
– quibus rebus perturbatis nostris (auxilium tulit) –
– quae cum audisset –
– quod ut factum animadvertit –
– qui cum ad me venisset –
– quibus rebus commotus –
– qua necessitate adductus –

Differenzierungsübungen

Wo liegt in den folgenden Sätzen ein relativer Satzanschluß vor? Kreuzen Sie die entsprechenden Sätze an und begründen Sie Ihre Entscheidung!

1. Aristoteles ait se omnia, quae secundum naturam sint, bona appellare; **quae** autem contra, mala.	
2. Virtus est una altissimis defixa radicibus; **quae** nulla umquam vi labefactari potest.	
3. Inanimum est omne, quod pulsu agitatur externo; **quod** autem animal est, id motu cietur interiore.	
4. Sapienter aiebant nonnulli ad opinionem imperitorum esse fictas religiones; **quod** longe secus[1] est.	

Spruchweisheit

QUAM QUISQUE NOVIT ARTEM, IN HAC SE EXERCEAT!
ACCOMODEMUS LEGES AD ILLUM, QUEM PROBAMUS, STATUM!

[1] *secus* adv. anders, nicht so

9 Infinitiv (I)

Subjektsinfinitiv – Objektsinfinitiv – AcI – NcI

1. Civitatibus maxima laus est quam latissime circum se vastatis agris solitudines[1] *habere.*
2. Facile apparet *nihil* omnium bonorum multitudini *gratius* quam *libertatem esse.*
3. Philosophia nihil aliud est nisi sapientiae perpetuo *studere.*
4. Quae est autem vita dies et noctes *timere* a suis? – Xerxes *se* a Themistocle non *superatum*, sed *conservatum* iudicavit.
5. *Platonem* dicunt *sensisse* idem de immortalitate animorum quo *Pythagoram.*
6. Xanthippe, Socratis philosophi uxor, *morosa*[2] admodum *fuisse* fertur *et iurgiosa*[3].
7. Sive Sulla sive Marius sive uterque sive alius civile bellum optavit, *eum detestabilem*[4] *civem* rei publicae *natum* iudico.
8. Illi, qui Graeciae formam rerum publicarum dederunt, *corpora* iuvenum *firmari* labore voluerunt.
9. Non nemini displicet haec sententia: Rem publicam *defendentem occidere* laudabilius est quam *oppugnantem* rerum *potiri.*
10. Omnibus recte *fecisse* visi sumus, quod amici causam defendimus.
11. Quidam imperiti aiunt eadem ratione *se natos*, qua universa, quae spirant; *quod dici* ab homine fas non est.
12. Religionum, legum, moris maiorum, iurisdictionis *esse defensorem et patronum* est magni ingenii magnaeque constantiae.

---

13. *Me* non eadem de re publica *sentire*, quae *te tuosque*, facile concedo.
14. Nidos *texere* et *educare* fetus[5], quin etiam *reponere* in hiemem alimenta, nonnullius fortasse rationis est.

---

[1] *solitudo, -inis* Einsamkeit, verlassenes Gebiet, Einöde
[2] *morosus, -a, -um* eigensinnig, pedantisch, empfindlich
[3] *iurgiosus, -a, -um* zänkisch, streitsüchtig
[4] *detestabilis, -e* verwünschenswert, verabscheuenswert
[5] *fetus, -us* Leibesfrucht, Sprößling, Junges, Kind

9 15. Disciplina Druidarum in Britannia *reperta* atque in Galliam *translata esse* existimatur.

16. Natura utrumque *facere hominem* voluit, et *agere* et contemplationi *vacare*.

17. Non milies[1] *perire* est melius quam in sua civitate sine armatorum praesidio non *posse vivere*?

18. Lumina orationis ne apparent quidem, ubi tota lucet oratio, ut in sole sidera ipsa desinunt *cerni*.

19. Quantum inter philosophiam interest et ceteras artes, *tantum interesse* existimo in ipsa philosophia inter illam partem, quae ad homines, et hanc, quae ad deos pertinet.

20. Cum Athenas tamquam ad mercaturam bonarum artium sis profectus, *inanem redire* turpissimum est.

21. Hieronymus[2] *dolore vacare* summum bonum dixit. – *Beate vivere* Epicurus[3] in voluptate ponit.

22. Imperator Claudius convivae cuidam, qui aureum scyphum[4] pridie *surripuisse*[5] credebatur, postero die *fictilem*[6] *calicem*[7] *apponi* iussit.

23. *Mandare quemquam* litteris cogitationes suas, qui eas nec *disponere* nec *illustrare* possit nec delectatione aliqua *allicere* lectorem, hominis est intemperate abutentis et otio et litteris.

24. Veteres philosophi in beatorum insulis fingunt, qualis futura sit vita sapientium: *quos* cura omni liberatos nihil aliud *esse acturos* putant, nisi ut omne tempus inquirendo[8] ac discendo in naturae cognitione consumant.

Paßt Habsucht zu einem Politiker?

Quod Apollo Pythius oraculum edidit, *Spartam* nulla re alia nisi avaritia *esse perituram*, id videtur non solum Lacedaemoniis, sed etiam omnibus opulentis populis *praedixisse*; nulla autem re *conciliare*[9] facilius benevolentiam multitudinis possunt ii, qui rei publicae praesunt, quam abstinentia et continentia.

Cicero
De officiis II 77

---

1 *milies* tausendmal 2 *Hieronymus* von Rhodos, Peripatetiker (3. Jhdt. v. Chr.)
3 *Epicurus* griechischer Philosoph und Begründer der Schule der Epikureer (4./3. Jhdt. v. Chr.)
4 *scyphus, -i* Kelchglas, Becher 5 *surripere* hier: heimlich entwenden
6 *fictilis, -e* irden, aus Ton 7 *calix, -icis* Becher 8 *inquirere* untersuchen, erforschen
9 *conciliare* verbinden, gewinnen, befreunden, geneigt machen

9 Strukturübungen

1. *Von welchen Wörtern bzw. Worteinheiten ist in den folgenden Sätzen jeweils die Infinitivkonstruktion abhängig? An welcher Stelle des Satzes stehen diese?*

– Estne rectum maiorem parere minori?
– Nihil est aliud bene et beate vivere nisi honeste et recte vivere.
– Scelus intueri fuit scelus admittere.
– Imperare sibi maximum est imperium.

2. *Setzen Sie in den folgenden Sätzen in die Lücke der Infinitivkonstruktion das Prädikatsnomen im richtigen Kasus, Numerus und Genus ein!*

– Te .... esse valde nos iuvat. (hilaris)

– Comites mihi .... esse coeperunt. (molestus)

– .... esse dedecori non est. (pauper)

– Ex hoc dei .... esse intelleguntur. (beatus)

– Praestat vera .... vinci quam .... vincere. (dicens – mentiens)

3. *In den folgenden Sätzen ist die Konstruktion schrittweise geändert; dabei werden die Satzteile immer mehr reduziert. Welche Veränderung im Informationsgehalt stellen Sie von Satz zu Satz fest?*

– Consul decemviros libros Sibyllinos inspicere iussit.
– Decemviri libros Sibyllinos inspicere iussi sunt.
– Libri Sibyllini inspici iussi sunt.

Zuordnungsaufgabe

Ordnen Sie den folgenden Infinitivkonstruktionen jeweils die Bezeichnung zu, die auf sie zutrifft!

1	Parvo contenti esse didicimus.
2	Graecorum pueri aequitatem defendere docentur.
3	Volo vos et esse et haberi gratos.
4	Philosophia nihil aliud est nisi sapientiae perpetuo studere.

A	NcI
B	bloßer Subjektsinfinitiv
C	bloßer Objektsinfinitiv
D	AcI

9 **Wählen Sie die richtige Übersetzung aus!**

Der 1. Teil des Satzes 16 (S. 39) wurde folgendermaßen übersetzt:

Natura utrumque facere hominem voluit.

1.	Die Natur wollte zwei Menschentypen schaffen.	
2.	Die Natur wollte, daß jeder einen Menschen mache.	
3.	Die Natur wollte, daß der Mensch beides mache.	
4.	Die Natur wollte, daß jeder Mensch handle.	

Welches ist die richtige Übersetzung? Welche andere Übersetzung wäre grammatikalisch und stilistisch noch möglich?

Spruchweisheit

* PRINCIPIBUS PLACUISSE VIRIS NON ULTIMA LAUS EST!
REM OPORTET SPECTARI, NON VERBA.
VIVERE MILITARE EST.
DULCE EST DESIPERE IN LOCO.

Wie lassen sich im Deutschen sinngemäß die folgenden lateinischen Redewendungen wiedergeben?

Incidis in Scyllam cupiens vitare Charybdim. –

Ululas[1] Athenas ferre.

[1] *ulula, -ae* Kauz, Eule

10 Infinitiv (II)

Syntaktische Besonderheiten Übersetzungsschwierigkeiten

1. *Omnes* Germanico[1] corporis animique *virtutes*, et *quantas* nemini cuiquam, *contigisse* satis constat.

2. Qui munere publico fungatur, *eum* caritate et benevolentia civium *saeptum*[2] oportet *esse*, non armis.

3. Quidam *pertinere* ad rem arbitrantur *intellegi* natura *fieri*, ut liberi a parentibus amentur.

4. Hannibal *se* magnopere *confidere* et *Carthaginienses* ad rebellandum Romanis a se *compelli posse* dixit.

5. Senectus plerisque senibus sic odiosa est, ut onus *se* Aetna gravius dicant *sustinere*.

6. Vides a medicis, quamquam in adversa valetudine nihil servi ac liberi differant, mollius tamen *liberos* clementiusque *tractari*.

7. Interfectoribus appropinquantibus constat *servos* Ciceronis fideliter fortiterque *paratos fuisse* ad dimicandum, *ipsum deponi lecticam*[3] et *quietos pati*, quod sors iniqua cogeret, *iussisse*.

8. Romanorum magistratus imperatoresque ex hac una re maximam laudem *capere* studebant, si provincias, si socios aequitate et fide *defendissent*.

9. *Mundum* censent quidam docti *regi* numine deorum *eum*que *esse* quasi *communem urbem et civitatem* deorum et hominum et *unumquemque* nostrum eius mundi *esse partem*.

10. Quam prudenter Solo *neminem*, dum adhuc viveret, *beatum dici debere* arbitrabatur, quod ad ultimum usque fati diem ancipiti[4] fortunae subiecti essemus!

---

[1] *Germanicus* Sohn des Drusus Maior; wurde auf Anordnung des Augustus von Tiberius adoptiert; er kommt nach einer erfolgreichen Tätigkeit als Feldherr im Norden und Osten des Reiches auf mysteriöse Weise in Antiochien ums Leben (15 v. Chr.–19 n. Chr.).

[2] *saepire* umgeben, schützen [3] *lectica, -ae* Sänfte

[4] *anceps, -itis* doppelköpfig, doppelsinnig, zweifelhaft, schwankend, unsicher, gefährlich

10 11. Ariovistus respondit, si quid *ipsi* a Caesare opus esset, *sese* ad eum *venturum fuisse*; si quid ille *se* velit, *illum* ad *se venire oportere.*

12. Num *Pompeium* censes tribus suis consulatibus, tribus triumphis *laetaturum fuisse*, si in solitudine Aegyptiorum[1] *trucidatum*[2] *se iri* scivisset?

---

13. Thrasybulus[3] corona honoris contentus neque amplius requisivit[4] neque *quemquam* honore *se antecessisse* existimavit.

14. Perfuga a Pyrrho venit in castra Fabricii eique est pollicitus, si praemium sibi *proposuisset*, *se* eum veneno *necaturum.*

15. Nihil tam aptum est ad ius condicionemque naturae – quod cum dico, *legem* a me *dici intellegi* volo – quam imperium.

16. Potentissimis et in altum sublatis hominibus *excidere*[5] *voces* videbis, quibus otium optent, laudent, omnibus bonis suis praeferant.

17. Alexis, poeta quidam Graecus, *Athenienses* ait *oportere* ideo *laudari*, quod omnium Graecorum leges cogunt *parentes ali* a liberis, Atheniensium non *omnes* nisi *eos*, qui liberos artibus erudissent.

18. *Athletas* videmus, quibus virium cura est, cum fortissimis quibusque *confligere* et *exigere*[6] ab eis, per quos certamini praeparantur, ut totis contra ipsos viribus utantur.

19. Crotoniatae[7] putaverunt *Zeuxin*, quem pictorem adhibuerant, si, quo in genere plurimum posset, in eo magnopere *elaborasset*, egregium sibi opus in templo Iunonis *relicturum.*

20. Nonne censemus, si Fabio Pictori[8], nobilissimo homini, laudi datum esset, quod pingeret, non *multos* etiam apud nos *futuros Polyclitos*[9] *et Parrhasios*[9] *fuisse*?

---

[1] *in solitudine Aegyptiorum* hier: in der Einsamkeit von Ägypten
[2] *trucidare* totschlagen, niedermetzeln
[3] *Thrasybulus* demokratischer athenischer Feldherr und Staatsmann (um 400 v. Chr.)
[4] *requirere* aufsuchen, verlangen, erfordern, nachfragen
[5] *excidere* hier: entfallen, entschlüpfen
[6] *exigere a/ab* verlangen, fordern von
[7] *Crotoniatae* die Bewohner von Kroton (Stadt in Süditalien)
[8] *Fabius Pictor* ein angesehener Senator im 2. Punischen Krieg; er verfaßte als erster Römer ein Geschichtswerk (in griechischer Sprache).
[9] *Polycliti et Parrhasii* Männer wie Polyklit und Parrhasius (zwei griechische Künstler des 5. bzw. 4. Jhdts. v. Chr.)

21. Ille princeps ingenii et doctrinae Plato tum denique *fore beatas res publicas* putavit, si aut docti et sapientes homines eas *regere coepissent* aut ii, qui regerent, omne studium suum in doctrina et sapientia *collocarent*.

22. Quoniam illa vox inhumana et scelerata ducitur eorum, qui negant *se recusare*, quominus ipsis mortuis terrarum omnium deflagratio[1] consequatur, certe verum est etiam iis, qui aliquando futuri sint, propter ipsos *esse consulendum*.

23. Stoici *multa* in numero animalium *esse* aiunt, quorum adhuc lateat utilitas, sed etiam processu temporum *inventum iri*, sicut iam multa prioribus saeculis incognita necessitas et usus invenerit.

24. Quis negat *virtutem debere* profectus suos in opere *temptare* nec tantum, quid faciendum sit, *cogitare*, sed etiam aliquando manum *exercere* et ea, quae meditata[2] sunt, ad verum *perducere*?

25. Ut, si unum quodque membrum sensum hunc haberet, ut *posse* putaret *se valere*, si proximi membri valetudinem ad se *traduxisset*, *debilitari et interire totum corpus* necesse esset, sic, si unus quisque nostrum ad se rapiat commoda aliorum detrahatque, quod cuique possit, emolumenti sui gratia, societas hominum et communitas evertatur necesse est.

Was macht sicherer: Wissen oder Geld?

Theophrastus[3] hortando *doctos* potius *esse* quam *pecuniae confidentes* ita ponit: *doctum* ex omnibus *solum* neque in alienis locis *peregrinum* neque amissis familiaribus et necessariis *inopem* amicorum, sed in omni civitate *esse civem* difficilesque fortunas sine timore *posse despicere* casus; at qui non doctrinarum, sed felicitatis praesidiis putaret *se esse vallatum*, labidis[4] itineribus *vadentem* non stabili, sed infirma *conflictari*[5] vita.

Vitruvius
De architectura VI, praefatio

---

1 *deflagratio omnium terrarum* Weltbrand
2 *meditare* (nicht Deponens!) ausdenken, ersinnen
3 *Theophrastus von Eresos* Peripatetiker (371–287 v. Chr.), Hauptschüler des Aristoteles
4 *labidus, -a, -um* schlüpfrig
5 *conflictari aliqua re* mit etwas kämpfen, sich mit etwas herumschlagen

10 **Satzanalyse** (Satz 25, S. 44)

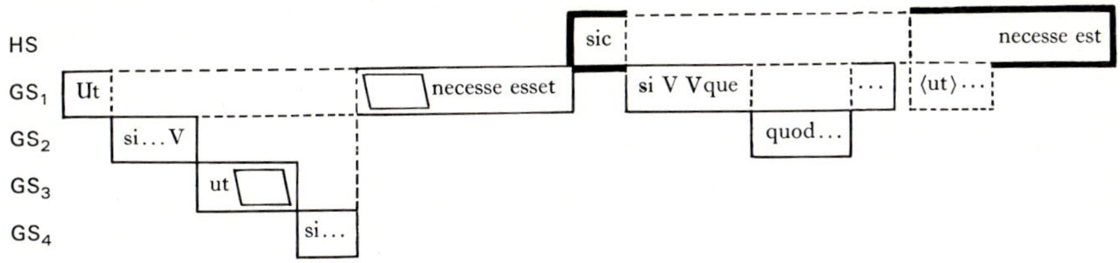

Das Symbol bedeutet ‚Satz im AcI‘, s. S. 198!

Strukturübungen

1. *Prüfen Sie genau, worauf sich in den folgenden Sätzen jeweils die Reflexiv-Pronomina beziehen!*

– Ariovistus respondit neminem **secum** sine **sua** pernicie contendisse.
– Tarquinius orabat, ne **se** filiosque **suos** ante oculos **suos** perire sinerent.
– Illum omnes **suos** caros habere, me quidem **se** ipso cariorem scio.
– Homerum Colophonii civem esse dicunt **suum.**

2. *In welchem Verhältnis stehen im folgenden Satz die drei Infinitive zueinander? Tragen Sie an der entsprechenden Stelle den jeweiligen Infinitiv in das vorgezeichnete Strukturschema ein!*

Marcone Crasso[1] putas utile **fuisse** tum, cum maximis opibus fortunisque florebat, **scire** sibi interfecto Publio filio exercituque deleto trans Euphratem cum ignominia et dedecore **pereundum esse**?

..... putas

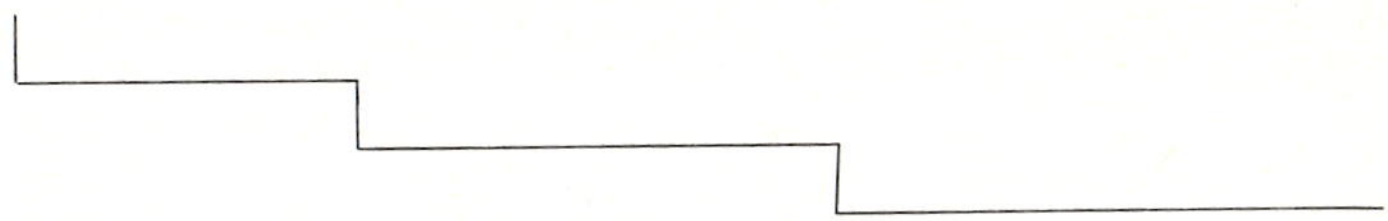

3. *Worin liegt beim folgenden Orakelspruch die Zweideutigkeit?*

*Aio te, Aeacida, Romanos vincere posse.

Spruchweisheit

EX INIMICO COGITA POSSE FIERI AMICUM!
SOLEMUS DICERE BONUM ESSE SECUNDUM NATURAM VIVERE.

---

1 *Marcus Crassus* einer der reichsten und mächtigsten Männer Roms im 1. Jhdt. v. Chr.; er verband sich 60 v. Chr. mit Caesar und Pompeius zum ersten Triumvirat.

11 Partizip (I)

Das attributiv und prädikativ gebrauchte Partizip

1. Natura hominum solitudinis *fugiens* et communionis ac societatis *appetens* est.
2. Superstitione animi multorum hominum *sollicitati tenentur*. – Oppida nunc *prostrata*[1] *et diruta* ante oculos *iacent*.
3. Lysander[2] magnam sui reliquit famam magis felicitate quam virtute *partam*.
4. Romani Carthagine querimoniam[3] foederis *rupti* deponunt perfectoque negotio Romam redeunt.
5. Adulescentium greges apud Lacedaemonios *vidimus* ipsi incredibili contentione *certantes*.
6. Homerus Ulixem cum Tiresia apud inferos *colloquentem facit*.
7. Quid est, cur in numero *viventium* me positum esse gaudeam? – Marius et Sulla *victam* armis libertatem in dominationem verterunt.
8. Patere tua consilia, Catilina, non sentis, *constrictam*[4] iam horum omnium scientia teneri coniurationem tuam non vides?
9. Non *possidentem* multa vocaveris recte beatum.
10. Octavius cum Antonio in Cassium Brutumque, qui in provincias ab illo, quem occiderant, Caesare *datas* Syriam et Macedoniam concesserant, bellum paravit.
11. Potentissimis et in altum *sublatis* hominibus excidere voces videbis, quibus otium optent, laudent, omnibus bonis suis praeferant.

---

12. Xenophon *facit* Socratem *disputantem* formam dei quaeri non oportere. – Custos virtutum omnium dedecus *fugiens* laudemque maxime *consequens* verecundia est.
13. Apud Lacedaemonios, quippe quorum animi bellicae maxime gloriae studio *incensi arderent*, bonae artes *neglectae iacebant*.

---

[1] *prostratus, -a, -um* < *prosternere* hier: niederwerfen, dem Erdboden gleich machen
[2] *Lysander* spartanischer Feldherr im peloponnesischen Krieg (455–395 v. Chr.)
[3] *querimonia, -ae* Klage, Beschwerde
[4] *constringere* hier: beschränken, in seiner Entfaltung hemmen, lähmen

14. Pisistratus primus Homeri libros *confusos*[1] antea sic disposuisse dicitur, ut nunc habemus.

15. Caesar Calpurniam, L. Pisonis filiam *successuri* sibi in consulatu, duxit uxorem.

16. Cicero, vir optime *meritus* de re publica, *conservatae* patriae pretium calamitatem exilii tulit.

17. Animalium alia rationis expertia sunt, alia ratione *utentia.*

18. Heraclitus, quotiens prodierat[2] et tantum circa se male *viventium*, immo[3] male *pereuntium* viderat, flebat.

19. Augustus, qui omnia *videbat* ex se uno *pendentia*, qui hominibus gentibusque fortunam dabat, illum diem laetissimus cogitabat, quo magnitudinem suam exueret[4].

20. Illud cogita, non esse irascendum erroribus! Quid enim, si quis irascatur in tenebris parum vestigia certa *ponentibus*? Quid si quis surdis[5] imperia non *exaudientibus*?

21. Non irascetur sapiens *peccantibus*. Quare? Quia scit neminem nasci sapientem, sed fieri, scit paucissimos omni aevo sapientes evadere[6], quia condicionem humanae vitae *perspectam habet.*

22. Quemadmodum, qui audiverunt symphoniam[7], ferunt secum in auribus modulationem[8] illam ac dulcedinem cantuum, quae cogitationem impedit nec ad seria patitur intendi, sic prava *iubentium* sermo diutius haeret, quam auditur.

Ist Weltschmerz sinnvoll?

Solon, cum ex amicis quendam graviter *maerentem videret*, in arcem perduxit hortatusque, ut per omnes *subiectorum*[9] aedificiorum partes oculos circumferret. Quod ut factum animadvertit, „Cogita nunc tecum", inquit, „quam multi luctus sub his tectis et olim fuerint et hodieque versentur et *insequentibus* saeculis sint habitaturi, ac mitte mortalium incommoda tamquam propria deflere!"

Valerius Maximus
Facta et dicta memorabilia, VII 2, 1

---

[1] *confusus, -a, -um* verwirrt, in Unordnung gebracht
[2] *prodire* hier: in der Öffentlichkeit auftreten
[3] *immo* ja/nein vielmehr, ja sogar [4] *exuere* ausziehen, ablegen, aufgeben
[5] *surdus, -a, -um* taub [6] *evadere* hier: sich entwickeln, werden zu
[7] *symphonia, -ae* Instrumentalmusik, Musikstück [8] *modulatio, -onis* Takt, Rhythmus
[9] *subiectus, -a, -um* hier: zu Füßen, unten gelegen

11 **Strukturübungen**

1. *Übersetzen Sie die folgenden Partizipien mit Substantiven!*

instituta, acta, proposita, iussa, scripta, praecepta, responsa, praeterita, praesentia, incurrentia, rebellantes, pugnantes, aegrotantes, praecipientes

2. *Übersetzen Sie die folgenden Partizipialverbindungen mit Relativsätzen!*

immixti[1] mediae paci et imperio hostes – illa bona per omnes terras **fulgentia** – tantus vir et tam clementer omnibus victoriis **usus**

3. *Bestimmen Sie die Funktion der beiden Partizipien im folgenden Satz!*

Iugurtha **iussis** vestris **oboediens** erit.

4. *Mit welcher Konstruktion ist im Deutschen jeweils das lateinische Partizip in den folgenden Sätzen wiederzugeben?*

Cernis me hic de patria **deprecantem.**
Verum **dicentibus** facile credam.
Alcibiades **laesae** religionis accusatus est.

5. *Welches Prädikat paßt jeweils zu den einzelnen Sätzen?*

1	Fidem tuam cognitam et perspectam ......
2	Quis civitatem diu oppressam .....
3	Illa opinio in mentibus hominum infixa .....
4	Culter sub veste abditus .....

A	haesit
B	habuit
C	latuit
D	tenuit

Spruchweisheit

* DUCUNT VOLENTEM FATA, NOLENTEM TRAHUNT.
MALE PARTA MALE DILABUNTUR.
AMANTES, AMENTES.

---

[1] *immixtus, -a, -um* (m. Dat.) hier: eingedrungen in

12 Partizip (II)

Das adverbial gebrauchte Partizip: Participium coniunctum

1. Solo senescere se aiebat multa in dies *addiscentem.*
2. C. Servilius Ahala[1] Sp. Maelium novis rebus *studentem* manu sua occidit.
3. Ciceroni *prominenti* ex lectica[2] *praebentique immotam* cervicem caput praecisum est.
4. Vix *attollentes*[3] prae lacrimis oculos homines intueri trucidata Ciceronis occisi membra poterant.
5. Quid dicam de Socrate, cuius morti illacrimari[4] soleo Platonem *legens*?
6. Qui erant cum Aristotele, Peripatetici dicti sunt, quia disputabant *inambulantes*[5] in Lyceo[6].
7. Stultus est, qui *empturus* equum non ipsum inspicit, sed stratum[7] eius ac frenum[8].
8. Amicitia secundas res splendidiores facit et adversas *partiens communicansque* leviores.
9. Dionysius cultros *metuens* tonsorios[9] candenti carbone[10] sibi adurebat capillum.
10. Ti. Gracchus hostis *iudicatus*, ultimo supplicio *affectus*, sepulturae honore *spoliatus* benevolentia tamen Blossii Cumani[11] non caruit.
11. Hirpini et Samnites per annos centum cum populo Romano bellum gesserunt, nullo externo *adiuti* nec duce nec exercitu.
12. Leo, quas venabatur feras, earum membra opimiora ad specum Androclo ferebat, quae is ignis copiam non *habens* meridiano sole *torrens* edebat.

---

[1] *C. Servilius Ahala* war 439 v. Chr. magister equitum [2] *lectica, -ae* Sänfte
[3] *attollere* hochheben, erheben [4] *illacrimari alicui rei* über etwas weinen
[5] *inambulare* hin- und hergehen, spazieren (gr. περιπατεῖν)
[6] *Lyceum, -i* (gr. Lykeion) Lyzeum, der heilige Hain des Apollo Lykeios von Athen, Stätte der peripatetischen Schule [7] *stratum, -i* Satteldecke, Sattel [8] *frenum, -i* Zügel
[9] *culter tonsorius* Barbiermesser [10] *carbo candens* glühende Kohle
[11] *Blossius Cumanus* Blossius aus Cumae, Anhänger der Stoa, eng befreundet mit Tiberius Gracchus

12 13. Usipites aquatum atque utilia raptum *exeuntes* cum plerisque Britannorum sua *defendentium* proelio *congressi* ac saepe victores, aliquando *pulsi*, postremo in summam inopiam venerunt.

---

14. Dareus pervenit ad vicum Arbela[1] nobilem sua clade *facturus*.
15. Caesar nonnumquam licentiam omnem passim lasciviendi permittebat iactare *solitus* milites suos etiam *unguentatos* bene pugnare posse.
16. Misericordia occurrere ipsa solet supplicibus et calamitosis nullius oratione *evocata*.
17. Fatebor me quoque in adulescentia *diffisum* ingenio meo quaesivisse adiumenta doctrinae.
18. Apollo Gygi, Lydiae regi, insolenter fulgore fortunae suae *glorianti* respondit magis se probare securitate ridens tugurium[2] quam tristem curis et sollicitudinibus aulam.
19. Ferae ad scelus *genitae* tamen, etsi ultima fames urgeat, nihilo minus generis sui animalibus parcunt.
20. Quis ignorat Romanos, postquam ad occidentem *pergentibus* finem Oceanus fecit, arma ad orientem convertisse?
21. Tribunus militum *perculsos* milites repentino hostium adventu in propinquum tumulum recepit, loci se praesidio *defensurus*.
22. An vir amplissimus, P. Scipio[3], pontifex maximus, Ti. Gracchum mediocriter *labefactantem* statum rei publicae privatus non interfecit? Catilinam orbem terrae caede atque incendiis vastare *cupientem* nos consules perferemus?
23. Caelum stellis *fulgens considerant*i dubium mihi non amplius est, quin moderator sapientissimus infinita potestate hoc universum gubernet.
24. Artes innumerabiles inventae sunt natura docente, quam ratio *secuta et imitata* omnes res ad vivendum necessarias consecuta est.

---

[1] *Arbela* Ort in Assyrien; hier wurde im Jahre 331 v. Chr. Darius von Alexander dem Großen besiegt. [2] *tugurium, -i* die Hütte

[3] *P. Scipio Nasica Serapio* Konsul 138 v. Chr.; stand an der Spitze der Gegner des Tiberius Gracchus.

25. Bestiis ipsa terra fundit ex sese pastus varios nihil *laborantibus*: nobis autem aut vix aut ne vix quidem suppetunt multo labore *quaerentibus*.

26. Mithridatem in timore et fuga Tigranes, rex Armeniae, excepit *diffidentem*que rebus suis confirmavit et *afflictum* erexit *perditum*que recreavit.

Aemilius Paullus empfängt den besiegten Makedonenkönig Perseus

Consurrexit consul iussis sedere aliis *progressus*que paulatim *introeunti* Perseo regi dextram porrexit *submittentem*[1]que se ad pedes sustulit nec attingere genua *passus introductum* in tabernaculum[2] adversus advocatos in consilium considere iussit.

Livius
Ab urbe condita XI 7, 5

Strukturübungen

1. *In den folgenden Teilsätzen hängt vom Partizip jeweils eine andere Konstruktion ab. Analysieren und übersetzen Sie die Partizipialblöcke!*

pro certo habens se eripi non posse...
indignatus de ea re dubitari ....
veritus, ne hostes noctu ex oppido profugerent, ...
arbitratus id bellum celeriter confici posse ....

2. *Unterscheiden Sie die verschiedenen Sinnrichtungen des Partizips Futur in den folgenden Sätzen:*

Germani Herculem **ituri** in proelia canunt.
Rem ausus est plus famae **habituram** apud posteros quam fidei.
P. Servilius adest de te sententiam **laturus.**

3. *Welches Zeitverhältnis ist in den folgenden Sätzen jeweils vom Partizip erfaßt?*

Persae mortuos cera **circumlitos**[3] condunt.
Massilienses Domitii cuiusdam consilio **usi** naves longas expediunt.
Romani castris egrediuntur vallum **invasuri.**
Hippias quidam in pugna Marathonia ceciderat arma contra patriam **ferens.**

---

[1] *se submittere* sich niederlassen [2] *tabernaculum, -i* hier: Feldherrnzelt
[3] *circumlinere* beschmieren, bestreichen

4. *Übersetzen Sie das Partizip der folgenden Sätze mit einem Präpositionalgefüge bzw. mit einem gleichgeordneten Satz!*

Caesar Alexandria **potitus** regnum Cleopatrae dedit.
Illud tibi **expertus** promitto.
Vehementissime **perturbatus** Lentulus[1] tamen et signum et manum suam cognovit.

Wählen Sie die richtige Übersetzung aus!

Welches ist die richtige Übersetzung? Begründen Sie, warum die anderen Übersetzungen falsch sind!

Nemo alteri imperium volens concedit.

1.	Keiner macht Zugeständnisse, wenn er die Macht des anderen will.	
2.	Keiner, der Macht will, gibt einem anderen nach.	
3.	Niemand überläßt die Herrschaft einem anderen freiwillig.	
4.	Keiner gibt gegenüber dem anderen zu, daß er die Macht will.	
5.	Niemand, der will, daß die Herrschaft verändert wird, erlaubt es.	

Spruchweisheit

OMNE MALUM NASCENS FACILE OPPRIMITUR.
UT MIGRATURUS HABITA! (lateinische Hausinschrift)

[1] *C. Lentulus* führte im 2. Punischen Krieg (218–202 v. Chr.) den Oberbefehl in Spanien, wo er mehrmals in schwierige Kampfsituationen geriet.

13 Partizip (III)

Das adverbial gebrauchte Partizip: Ablativ mit Partizip (Ablativus absolutus) – Erscheinungsform

1. Thrasybulus[1] a barbaris ex oppido noctu *eruptione facta* in tabernaculo[2] interfectus est.
2. Socrates uxore *Xanthippe* inter fletum et lamentationem *vociferante*[3] innocentem eum periturum, „Quid ergo?", inquit, „Nocenti mihi mori satius[4] esse duxisti?"
3. Decem legati erant *auctore Hannibale* missi ad petendam pacem. – Pythagoras *Tarquinio Superbo regnante* in Italiam venit.
4. In consulatu suo Caesar legem tulit, ut ager Campanus plebi divideretur *suasore*[5] legis *Pompeio.*
5. Romani *Hannibale vivo* numquam se sine insidiis futuros arbitrabantur.
6. *Exstincto* in ipso aetatis ac victoriarum flore *Alexandro Magno* triste apud omnes tota Babylonia silentium fuit.
7. Athenis multi viri *propositis tot exemplis* levitatis popularis tamen suam rem publicam defenderunt.
8. In corpore perspicuum est vel *exstincto animo* vel *elapso* nullum residere sensum.
9. Magnitudo animi *remota communitate coniunctioneque humana* feritas sit quaedam et immanitas[6].
10. *Caritate benevolentiaque sublata* omnis est e vita sublata iucunditas.
11. Maximas virtutes iacere omnes necesse est *voluptate dominante.*
12. Sapientiam appetamus! *Qua praeceptrice*[7] in tranquillitate vivi potest omnium cupiditatum *ardore restincto.*

---

[1] *Thrasybulus* demokratischer athenischer Feldherr und Staatsmann (um 400 v. Chr.)
[2] *tabernaculum, -i* Zelt [3] *vociferari (-are)* laut rufen, schreien, schimpfen
[4] *satius est* es ist besser [5] *suasor, -oris* Anrater, Empfehler
[6] *immanitas, -atis* Entsetzlichkeit, Unmenschlichkeit, Wildheit, Gefühllosigkeit
[7] *praeceptor/praeceptrix* Lehrer/Lehrerin

13. *Prisca illa et antiqua* rei publicae *forma revocata* rediit cultus agris, sacris honos, securitas hominibus, certa cuique rerum suarum possessio.

14. Nulla vis imperii tanta est, quae *premente metu* possit esse diuturna.

15. Summa erat *vasto atque aperto mari, magnis aestibus, raris ac prope nullis portibus* difficultas navigandi.

16. Carthaginienses prima luce *oppugnaturis hostibus* castra saxis undique gestis auxerunt vallum.

17. *Exstincto senatu deletisque iudiciis* quid est, quod dignum nobis aut in curia aut in foro agere possimus?

18. Vidimus, quid ultimum in servitute esset, *adempto* per inquisitiones etiam loquendi audiendique *commercio*[1].

19. *Propositis bonis malisque* tum demum opus suum peragit sapientia et quidem bonum appetit ad utilitatem, malum reicit ad salutem.

20. *Positis* tantummodo *in conspectu bonis* quid homini opus est cogitatione intellectu, scientia, ratione?

21. Romana urbs *amissa libertate*, quam *Bruto duce et auctore* defenderat, ita consenuit, tamquam sustentare[2] se ipsa non valeret, nisi adminiculo[3] regentium niteretur.

22. Rebus modicis[4] aequalitas facile habebatur, sed ubi *subacto orbe* et *aemulis*[5] *urbibus regibusve excisis* securas opes concupiscere vacuum[6] fuit, prima inter patres plebemque certamina exarsere.

Anbruch des Friedens

Eo tempore, quo firmissimam verissimamque pacem ordinatione[7] Dei Caesar composuit, natus est Christus, cuius adventui ista pax famulata[8] est, in cuius ortu *audientibus hominibus* exsultantes angeli cecinerunt: „Gloria in excelsis Deo, et in terra pax hominibus bonae voluntatis!"

Orosius
Historiae VI 22

---

[1] *commercium, -i* Handel, Austausch, Umgang, Verkehr [2] *sustentare* aufrecht erhalten, aushalten, ertragen, zurückhalten [3] *adminiculum, -i* Stütze, Beistand, Hilfe
[4] *modicus, -a, -um* maßvoll, unbedeutend, klein [5] *aemulus, -a, -um* nebenbuhlerisch, Konkurrenz- [6] *vacuus, -a, -um* hier: überflüssig, unnütz
[7] *ordinatio, -onis* Anordnung, Einrichtung, Regelung [8] *famulari alicui* jem. dienen

13 **Satzanalyse** (Satz 21, S. 54)

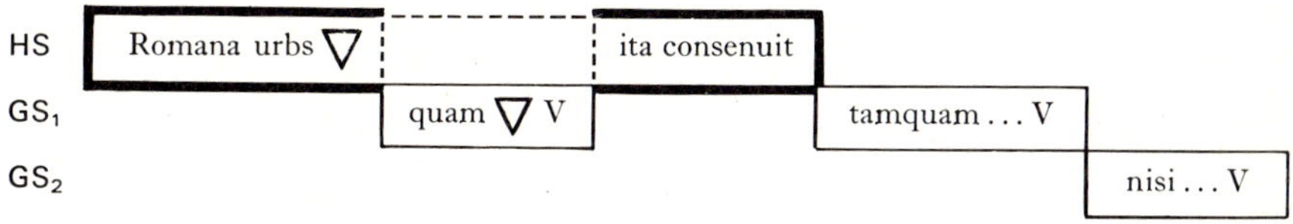

Das Symbol ▽ bedeutet ‚Ablativ mit Partizip', s. dazu S. 198!

Strukturübungen

1. *Übersetzen Sie die folgenden Ablative mit Partizip jeweils mit einem konjunktionalen Gliedsatz!*

admirante populo et rege dubitante – domino et rege nostro adiuvante – Vespasiano adhuc cum Vitellio certante – imperium Romanum iam ad Caesarem transferente fortuna – stante re publica – flagitante aquam exercitu – vagantibus circa moenia barbaris

2. *Geben Sie die folgenden Ablative mit Partizip durch ein Präpositionalgefüge wieder!*

amissa virtute pariter ac libertate – constitutis civitatibus – reiecto[1] superbae dominationis iugo – duabus urbibus eversis inimicissimis – silentio facto – amissis familiaribus et necessariis – captis tot urbibus – metu ablato – excepta sapientia – adhibita ingenii nostri cura et facultate – Carthagine eversa – quassatis[2] et attritis[3] rei publicae viribus – excessu Augusti nuntiato – favore seposito – abiecta omni cunctatione

3. *Wie lassen sich folgende ‚Nominale Wendungen im Ablativ' am besten übersetzen?*

tranquillo mari – exigua parte aetatis reliqua – salvis legibus – deo teste – dubio Marte – C. Caesare imperatore

---

[1] *reicere* zurückwerfen, abwerfen [2] *quassare* erschüttern [3] *atterere* schwächen, erschöpfen

13 Zuordnungsaufgabe

In den folgenden Sätzen ist jeweils der passende Ablativ in die Lücke zu setzen!

1	Philosophia .... beatam vitam agere possumus.
2	Nullo .... flumen tranatavi.
3	Duobus liberis .... magna erat tristitia in domo amici mei.
4	Dis .... hoc bellum gessistis.

A	invitis
B	duce
C	prohibente
D	amissis

Participium coniunctum oder Ablativ mit Partizip?

Welche Partizipialkonstruktion liegt im folgenden Satz vor?

Secundo bello Punico nimis longum est commemorare clades duorum populorum tam longe secum lateque pugnantium, ita ut **his quoque fatentibus**, qui non tam narrare bella Romana quam Romanum imperium laudare inst写iterunt[1], similior victo fuerit ille, qui vicit.

Was bedeutet: deficiente pecunia

Spruchweisheit

NIHIL POTEST EVENIRE NISI CAUSA ANTECEDENTE[2].
NATURA DUCE ERRARE NULLO PACTO POSSUMUS.

---

[1] *insistere* hier: eifrig betreiben [2] *antecedere* vorausgehen, vorangehen

14 Partizip (IV)

Das adverbial gebrauchte Partizip: Ablativ mit Partizip (Ablativus absolutus) – Besonderheiten

1. Himilco Carthaginiensium imperator *obseratis*[1] *foribus*, *nullo* ad se, ne *filiis* quidem, *admissis* mortem sibi conscivit.
2. Manlio Censorinoque consulibus populus Romanus adgressus Carthaginem *spe* pacis *iniecta* traditam classem sub ipso ore urbis incendit.
3. Magister ingenium latens et pigrum discipuli *iniecta*, ut ita dicam, *manu* extraxit.
4. Cum Carthago a Romanis expugnata esset, uxor Hasdrubalis *comprehensis duobus liberis* a culmine[2] se domus in medium misit incendium imitata reginam, quae urbem condidit.
5. Aemilius Paullus *amplissimis praeceptis* militibus *datis* contionem dimisit vulgo etiam *veteranis fatentibus* se tamquam tirones[3], quid agendum esset in re militari, didicisse.
6. Scipio exsurgit et *prolato*[4] e sinu togae *libro* rationes in eo libro scriptas esse dixit omnis pecuniae omnisque praedae.
7. Bruto per noctem, cum *illato lumine* ex more aliqua secum agitaret, atra quaedam imago se obtulit et, quae esset, interrogata, „Tuus“, inquit, „malus genius[5]“.
8. Amare nihil est aliud nisi eum ipsum diligere, quem ames, *nulla utilitate quaesita*.
9. Caesar animadverterat se cedendo Pompei gloriae aucturum suam et *invidia* communis potentiae in illum *relegata* confirmaturum vires suas.
10. Augustus Romae rivos[6] aquarum compluribus locis vetustate labentes refecit et aquam, quae Marcia appellatur, duplicavit *fonte novo* in rivum eius *inmisso*.
11. Caesar *Gallia subacta* respexit Oceanum et, quasi hic Romanis orbis non sufficeret, alterum cogitavit; *classe igitur comparata* in Britanniam transiit mira celeritate.

---

[1] *obserare* verriegeln [2] *culmen, -inis* Gipfel, Giebel
[3] *tiro, -onis* Anfänger, Neuling, Rekrut [4] *proferre* hier: hervorholen
[5] *genius, -i* Genius, Schutzgeist, Geist [6] *rivus, -i* Bach, Bewässerungsrinne, Kanal

12. Sapientia et *terroribus cupiditatibusque detractis* et omnium falsarum opinionum *temeritate derepta*[1] certissimam se nobis ducem praebet ad voluptatem.

13. Populus Romanus *Caesare et Pompeio trucidatis*[2] redisse in statum pristinum libertatis videbatur.

14. *Sublata Carthagine*, quae tam diu aemula imperii fuit, Romana urbs manus suas in totum orbem terra marique porrexit, donec *regibus cunctis et nationibus* imperio *subiugatis*[3], cum iam bellorum materia[4] deficeret, viribus suis male uteretur, quibus se ipsa confecit.

15. Augustus *clausis Iani portis* rem publicam, quam bello quaesiverat, pace enutrire[5] atque amplificare[6] studens leges plurimas statuit, per quas humanum genus libera reverentia disciplinae morem gereret[7].

16. Qui *virtute neglecta* se amicos habere arbitrantur, tum se denique errasse sentiunt, cum eos gravis aliquis casus experiri cogit.

17. Ut medici *causa* morbi *inventa* curationem esse inventam putant, sic nos *causa* aegritudinis *reperta* medendi facultatem reperiemus.

18. Finis Neronis ut laetus primo gaudentium impetu fuerat, ita varios motus animorum non modo in urbe apud patres aut populum aut urbanum militem, sed apud omnes legiones ducesque conciverat, *evulgato*[8] *imperii arcano*[9] posse principem alibi quam Romae fieri.

19. Legimus, cum Aruleno Rustico[10] Paetus Thrasea[11], Herennio Senecioni[10] Priscus Helvidius[12] laudati essent, non in ipsos modo auctores, sed in libros quoque eorum saevitum, *delegato*[13] *triumviris ministerio*[13], ut monumenta clarissimorum ingeniorum in comitio ac foro urerentur.

20. Missus ad C.Marium occidendum in privata domo Minturnis[14] clausum servus publicus natione Cimber et senem et inermem strictum gladium tenens adgredi non sustinuit et claritate viri obcaecatus *abiecto ferro* attonitus inde et tremens fugit, etiam *dis immortalibus indignum ratis* ab uno eius nationis interfici Marium, quam totam deleverat.

---

[1] *deripere* abreißen, losreißen, wegreißen [2] *trucidare* totschlagen, niedermetzeln
[3] *subiugare* unters Joch schicken, unterwerfen [4] *materia, -ae* Stoff, Material, Bauholz, Ursache, Veranlassung zu [5] *enutrire* aufziehen, ernähren, fördern
[6] *amplificare* erweitern [7] *morem alicui gerere* jemandem zu Willen sein, gehorchen
[8] *evulgare* veröffentlichen, dem Volk bekannt machen [9] *arcanum, -i* Geheimnis
[10] jeweils dativus auctoris [11] *Paetus Thrasea* stoischer Philosoph, unter Nero zum Tode verurteilt; seine Biographie schrieb *Arulenus Rusticus.*
[12] *Helvidius Priscus,* Schwiegersohn des Paetus Thrasea, stoischer Philosoph; seine Biographie schrieb *Herennius Senecio.* [13] *ministerium delegare* einen Auftrag erteilen, einen Dienstbefehl geben [14] *Minturnae, -arum* Stadt in Campanien

14 Unterdrückung von Geist und Moral

Principes Romanorum edixerunt, ut monumenta clarissimorum ingeniorum in comitio ac foro urerentur; scilicet illo igne vocem populi Romani et libertatem senatus et conscientiam generis humani aboleri arbitrabantur *expulsis insuper sapientiae professoribus* atque *omni bona arte in exilium acta*, ne quid usquam honestum occurreret.

Tacitus
Agricola 2

Satzanalyse (Satz 14, S. 58)

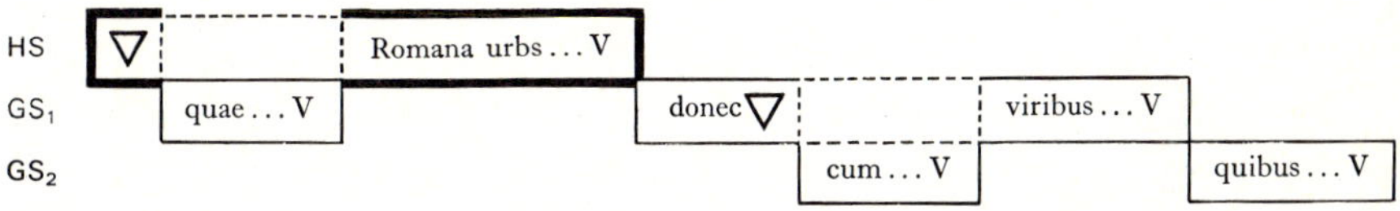

Das Symbol ▽ bedeutet ‚Ablativ mit Partizip', s. dazu S. 198!

Strukturübungen

1. *In den folgenden Teilsätzen liegt jeweils eine kryptoaktive Konstruktion vor. Übersetzen Sie den Ablativ mit Partizip (Abl. abs.) mit einem Gliedsatz jeweils so, daß das vorausgehende Subjekt des regierenden Satzes auch Subjekt des Gliedsatzes wird!*

Socrates **admoto** iam labris[1] **poculo** ....
Sapiens **omissis** pecuniae et corporis **gaudiis** ....
Romani **amissis** per inscientiam regendi **duabus navibus** ....
Androclus et leo quasi **recognitione mutua facta** ....
Caesar sic **redacto**[2] in disciplinam **milite** ....
Homines nondum **constituta** loquendi **ratione** ....
Augustus **cunctis gentibus** una pace **compositis** ....

---

[1] *labrum, -i* Lippe [2] *redigere* in einen Zustand versetzen, bringen zu

14 2. *In den folgenden Teilsätzen ist der Ablativ mit Partizip (Abl.abs.) jeweils durch einen eingeschobenen Gliedsatz „gesperrt". Übersetzen Sie den Ablativ mit Partizip durch einen Gliedsatz!*

fugata, sicut poetae ferunt, **iustitia** ....
unoquoque id, quod habuit, **conferente** ....
expulsis, ut supra dixi, **multis viris** de re publica optime meritis ....

3. *In den folgenden Sätzen ist das logische Subjekt des Ablativ mit Partizip (Abl.abs.) unklar? Welche Deutungen sind möglich? Welches ist die günstigste Übersetzung?*

Cethegus **recitatis litteris** repente conticuit.
Amyntas **facta** dicendi **potestate** locutus est.

Differenzierungsübung

In welchem der beiden folgenden Sätze liegt beim Ablativ mit Partizip (Abl.abs.) eine kryptoaktive Konstruktion vor?

Hannibal **nuntiato hostium adventu** castra movit.
Hannibal **cognito hostium adventu** castra movit.

Mehrere Ablative mit Partizip einander untergeordnet

Hannibale ab Hispania surgente et Pyrenaeis montibus superatis, Gallia transcursa Alpibusque disruptis, torrentis[1] modo Italiae faucibus inruente quam cruenta[2] proelia gesta sunt, quotiens Romani superati!

Spruchweisheit

PACE FACTA BONAE ARTES NON IAM NEGLECTAE IACENT.
NONNULLI NULLA ARTE ADHIBITA DISPUTANT.

---

[1] *torrens, -ntis* Wildbach, Sturzbach [2] *cruentus, -a, -um* blutig, blutbefleckt

15 Gerundium

1. Liber tuus me non modo ad *legendi*, sed etiam ad *scribendi* studium excitavit.

2. Plerique maiorum fortia facta *memorando* clariores sese putant.

3. Unus homo nobis *cunctando* restituit rem. – Scipioni *moriendi* sensum celeritas abstulit.

4. Homines pristinis temporibus incursiones atque impetus bestiarum non *pugnando*, sed obiectis aggeribus arcebant.

5. Carthaginienses *mercandi* cupiditate et *navigandi* et agrorum et armorum cultum reliquerunt.

6. Mithridates Romanos ita incusavit: Romani *audendo* et *fallendo* et bella ex bellis *serendo* magni facti sunt.

7. Ad *scribendi* operam omne studium curamque convertimus. – Vires militibus deerant *ad resistendum.*

8. Felicitatem non *assentando*[1] neque te voluptatibus *dando* assequeris. – Omnes incensi sumus bene *vivendi* cupiditate.

9. Magister pueros ante urbem lusus *exercendi*que causa producit. – Id egit rerum natura, ut *ad* bene *vivendum* non magno adparatu opus esset.

10. Etiam ferae, quibus abest *ad praecavendum intellegendi* vis, iniecto terrore mortis horrescunt.

11. Deus hominibus saepe materiam praebet aliquid animose[2] fortiterque *faciendi.*

---

12. Romani *metiendi ratiocinandi*[3]que utilitate mathematicae artis terminaverunt modum.

13. Nullius *dicendi* aut *scribendi* tanta vis, quae enarrare C. Caesaris res gestas possit.

---

[1] *assentari* in allem beistimmen [2] *animosus, -a, -um* mutig, beherzt
[3] *ratiocinari* rechnen, berechnen (im kaufmännischen Sinne)

14. Novusne hic mos est *putandi*, quod optimum sit, esse nobilissimum? – Crescebat urbs alia atque alia loca *appetendo*.

15. Quidam homines initio singulis quibusdam rebus nomina *imprimendo* paulatim *loquendi* perfecisse rationem putant.

16. Hoc quidem apparet nos *ad agendum* esse natos. – Parsimonia ars est supervacaneos[1] sumptus *vitandi*.

17. Labores peregrinationis[2] una mercede perpessus sum *cognoscendi* aliquid abditum remotumque.

18. Aristotelem non deterruit *a scribendo* amplitudo[3] Platonis. – Verbum invidiae ductum est *a* nimis *intuendo* fortunam alterius.

19. Iugurtha, qui Scipioni auxilio missus erat, modestissime *parendo* et saepe obviam *eundo* periculis in tantam claritudinem brevi pervenit, ut Romanis vehementer carus, Numantinis maximo terrori esset.

20. Micipsa bello Numantino Iugurtham sperans vel *ostentando*[4] virtutem vel hostium saevitia facile eum occasurum praefecit Numidis, quos populo Romano in Hispaniam auxilio mittebat.

21. Intellegi necesse est in ipsis rebus, quae discuntur et cognoscuntur, invitamenta inesse, quibus *ad discendum cognoscendum*que moveamur.

22. Animantes hominum causa generati sunt, ut equus *vehendi* causa, *agendi* bos, *venandi* et *custodiendi* canis.

Vom Wesen des menschlichen Geistes

Plato ait, quod per se ipsum semper movetur nec principium motus habet, etiam finem non habere; animum autem hominis per se semper moveri; qui quia sit *ad cogitandum* mobilis, *ad inveniendum* sollers, *ad percipiendum* facilis, *ad discendum* capax et quia praeterita teneat, praesentia comprehendat, futura prospiciat multarumque rerum et artium scientiam complectatur, immortalem esse, si quidem nihil habeat in se de terreni ponderis labe[5] concretum[6].

Laktanz
Institutionum Divinarum Epitome 70,8

---

[1] *supervacaneus, -a, -um* überflüssig
[2] *peregrinatio, -onis* Aufenthalt in der Fremde, Reise
[3] *amplitudo, -inis* Ansehen, Bedeutung
[4] *ostentare* offen zur Schau stellen, zeigen
[5] *labes, -is* Gebrechlichkeit, Makel
[6] *concretus, -a, -um* verdichtet, dicht, fest

15 Strukturübungen

1. *Geben Sie das Gerundium in den folgenden Substantivverbindungen jeweils mit einem Infinitiv, Genitivattribut oder Präpositionalgefüge wieder!*

agricolendi studia – sors nascendi – orandi facultas – scribendi otium – necessitas errandi – alia ratio discendi – modus et imperandi et obtemperandi – dicendi aut scribendi vis – celeritas opus conficiendi – facultas parvi emendi – cupiditas ignota noscendi – studia cognoscendi semper aliquid atque discendi

2. *Übersetzen Sie die folgenden Gerundia im Ablativ mit einem Präpositionalgefüge oder einem modalen Gliedsatz!*

docendo – dando accipiendoque – fessus scribendo mittendoque – parvi aestimando – fugiendo turbam hominum – pollicendo plura quam praestando – auxilium inferioribus ferendo – non negando minuendove famam, sed insuper amplificando ementiendoque

3. *Welchen Bedeutungsunterschied bewirkt die verschiedene Struktur in den folgenden Sätzen?*

Ars rem publicam recte regendi difficilis est.
Erat ars difficilis recte rem publicam regere.

Wählen Sie die richtige Übersetzung aus!

Welche der vier Übersetzungen des folgenden Satzes ist die richtige?

Quantam cupidinem habet ignota noscendi?

1.	Welch große Begierde zum Erkennen hat die Unbekannte?	
2.	Welch große Begierde hat die des Erkennens Unkundige?	
3.	Welch große Begierde, Unbekanntes kennen zu lernen, hat er?	
4.	Welch große Begierde erregt das der Erkenntnis Unzugängliche?	

Was versteht man unter: furor scribendi, venia legendi, status nascendi

Spruchweisheit

FAMA CRESCIT EUNDO.
VIRTUTES CERNUNTUR IN AGENDO.
NATURA EST OPTIMA DUX BENE VIVENDI.

16 Gerundivum (I)

Zur Bezeichnung eines sich vollziehenden Vorgangs

1. Quando unus *ad statum* totius civitatis *corrigendum* suffecit[1]?
2. Cupiditas *ad se explendam* viribus corporis abutebatur. – *Stipendiis sufficiendis*[2] aerarium defecit.
3. Ciceroni *explicandae philosophiae* causam attulit gravis casus civitatis.
4. Patres excitari iubent liberos *ad studia obeunda* mature.
5. Cicero inter viginti viros *dividendo agro Campano* esse noluit. – Hocne fecisti *gloriae comparandae causa*?
6. M. Porcio Catoni nulla ars neque *privatae* neque *publicae rei gerendae* defuit.
7. Utinam res publica stetisset, quo coeperat statu, nec in homines non tam *commutandarum rerum* quam *evertendarum* cupidos incidisset!
8. Illi ipsi, quorum studia vitaque omnis in rerum cognitione versata est, tamen *ab augendis* hominum *utilitatibus et commodis* non recesserunt.
9. Socratem traditum est cottidie facere omnibus *conveniendi sui* potestatem.
10. Hannibal senatui *sex milium Romanorum*, quae capta in castris habebat, *redimendorum* potestatem fecit.
11. Octaviano cum Antonio bellum gerente Cicero timuit, ne condicio insidiosa[3] pacis studia *libertatis recuperandae* restingueret.
12. Impellimur natura, ut prodesse velimus quam plurimis inprimisque *docendo rationibus*que prudentiae *tradendis*.

---

13. Quod fortasse aliquando rei publicae nostrae, nunc quidem profecto isti provinciae contigit, ut is in ea summam potestatem haberet, cui *in virtute atque humanitate percipienda* plurimum a pueritia studii fuisset et temporis.

---

[1] *sufficere* genügen, ausreichen [2] *stipendia sufficere* hier: (genügend) Sold auszahlen
[3] *insidiosus, -a, -um* hinterlistig, heimtückisch

16

14. Cicero otio nulla ratione melius frui potuit, quam si se non modo *ad legendos libros*, sed etiam *ad totam philosophiam pertractandam* dedisset.
15. Quid ultra fieri *ad placandos deos mitigandosque homines* potuit, quam quod nos fecimus?
16. P. Scipio *ad corrigendam rem* Carthaginem iturum se pollicitus est. Qua quidem fiducia populo Romano salutis ac victoriae spem dedit.
17. Omnium rerum nec aptius est quidquam *ad opes tuendas ac tenendas* quam diligi nec alienius quam timeri.
18. Deus homini proposuit et bona et mala, quia ei sapientiam dedit, cuius omnis ratio *in discernendis bonis ac malis* sita est.
19. Qui se *a praestando auxilio* removet, etiam *ab accipiendo* removeat necesse est, quia nullius opera indigere se putat, qui alteri suam denegat.
20. Qui altiore animo sunt, capessunt aut rem publicam *honoribus imperiisque adipiscendis* aut totos se ad studia doctrinae conferunt.
21. Cicero: Numquam apud iudices aut dolorem aut misericordiam aut invidiam aut odium dicendo excitare volui, quin ipse *in commovendis iudicibus* iis ipsis sensibus, ad quos illos adducere vellem, permoverer.
22. Ut apium examina non *fingendorum favorum*[1] *causa* congregantur, sed, cum congregabilia natura sint, fingunt favos, sic homines ac multo magis natura congregati adhibent agendi cogitandique sollertiam.

Die Wirkung einer Persönlichkeit

Ad Scipionem Africanum in Liternina[2] villa se continentem complures praedonum duces *videndum* eodem tempore forte confluxerunt. Quos cum *ad vim faciendam* venire existimasset, praesidium domesticorum in tecto conlocavit eratque *in his repellendis* et animo et apparatu occupatus. Quod ut praedones animadverterunt, dimissis militibus abiectisque armis ianuae appropinquant et clara voce nuntiant Scipioni non vitae eius hostes, sed virtutis admiratores venisse conspectum et congressum tanti viri quasi aliquod beneficium expetentes.

Valerius Maximus,
Facta et dicta memorabilia II 10,2

---

[1] *favus, -i* Wabe [2] *Liternintus, -a, -um* in Liternum (Stadt in Kampanien) gelegen

1. *Im folgenden liegen aus dem Satzganzen isolierte Gerundivkonstruktionen vor. Geben Sie diese jeweils mit einer stilistisch angemessenen deutschen Übersetzung wieder!*

necessitas ferendae condicionis humanae – conciliandae hominum gratiae studium – aut bene merendi de altero aut referendae gratiae voluntas – deserendae Italiae consilium agitare – urbis condendae causam perquirere

mens ad tolerandum dolorem obfirmata – vir in coercendis delictis immodicus – viri, qui se ad magnas res gerendas accomodaverunt, – liber, qui est de tuenda re familiari

ad gubernandam fortunam – ad ordinandum statum liberarum civitatum – ad mel faciendum – ad occupandam Asiam – ad leniendum luctum proximorum

gerendis negotiis orbatus – a praestando auxilio se removere – deterrere aliquem a re publica defendenda – rei publicae administrandae potestatem aliis concedere – in reparando exercitu – in perspicienda cognoscendaque rerum natura – in virtute atque humanitate percipienda

2. *In den folgenden Teilstücken eines Satzes ist das Gerundivum jeweils in eine andere Konstruktion „eingebettet". Analysieren Sie diese und geben Sie das Gerundivum angemessen wieder!*

.... nullo ducum nostrorum illuc **ad corrigendam rem** proficisci audente....

.... virgo, **ad quam redimendam** satis magnum attulerunt parentes auri pondus, ...

.... Marius; **ad quem interficiendum** missus cum gladio servus ....

3. *Welches ist das gemeinsame Bezugswort der beiden Gerundiva im folgenden Satz?*

Nulla vitae pars vacare officiis potest, in eoque et **colendo** sita vitae est honestas omnis et **neglegendo** turpitudo.

Partizip und Gerundiv

Erfassen Sie im folgenden Satz den Unterschied zwischen Partizip und Gerundivum mit einer angemessenen Übersetzung!

In aequo est autem **amissae** rei miseratio et timor **amittendae**.

Geläufige Wendungen

ad captandam (sc. benevolentiam) ad captandum vulgus

Spruchweisheit

SENECTUS HOMINES A REBUS GERENDIS ABSTRAHIT.
PROPENSI SUMUS AD DILIGENDOS HOMINES.

17 Gerundivum (II)

Zur Bezeichnung der Notwendigkeit und des Zweckes

1. Eum, quem bellum civile delectat, ex numero hominum *eiciendum*, ex finibus humanae naturae *exterminandum*[1] puto.
2. Mihi *enitendum*[2] *est* omni scientia ac diligentia. – Te a me *monendum esse* etiam atque etiam puto.
3. Nemo umquam magna suscipiet, qui sibi non Scipionis memoriam atque imaginem *proponendam* putet.
4. Dominus Androclum, servum suum, a militibus adprehensum statim *damnandum* ad bestias curavit.
5. *Miscenda* ista et *alternanda*[3] *sunt*: solitudo et frequentia. – Multitudinem ipsam videbant contra bestias *esse tutandam.*
6. Hiems frigora adducit: *algendum*[4] *est*; aestas calores refert: *aestuandum*[5] *est.*
7. Conservatoribus rei publicae fateor magnos *esse experiundos* et *subeundos* labores.
8. Brutus uni comitum suorum *confodiendum*[6] praebuit latus.
9. Nulla sibi in re *cessandum*[7] existimaverunt. – Omniane utilitate *metienda sunt*?
10. Saepius hoc exemplo mihi *utendum est*. – Id *agendum est*, ne quid nobis inopinatum sit.
11. Nihil hoc cive, nihil hoc homine taetrius, si aut civis aut homo *habendus est*, qui civile bellum concipiat.
12. Quae tam excellens in omni genere virtus in ullis fuit, ut *sit* cum maioribus nostris *comparanda*?
13. Id aurum diviti homini *servandum* datum est.

---

14. Quae nuper acciderunt, non culpae, sed fortunae *tribuenda esse* videntur.

---

[1] *exterminare* aus den Grenzen treiben, verbannen [2] *eniti* sich sehr anstrengen
[3] *alternare* abwechseln [4] *algere* hier: frieren [5] *aestuare* hier: schwitzen
[6] *confodere* durchbohren [7] *cessare* zögern, säumen, nachlässig sein, ausruhen, feiern

17

15. Nihil miremur eorum, ad quae nati sumus, quae ideo nulli *querenda*, quia paria sunt omnibus!

16. Non in eadem intentione aequaliter *retinenda* mens *est*, sed ad iocos *devocanda*[1].

17. Cicero rei publicae fundamenta vel capitis periculo *defendenda esse* censebat.

18. Cicero philosophiam *inlustrandam* et *excitandam* sibi dixit, ut, si publicis negotiis occupatus profuisset aliquid civibus suis, prodesset etiam, si posset, otiosus.

19. Augustus Germanicum, virum probatissimum, diu cunctatus, an sibi successorem destinaret, *adoptandum* Tiberio dedit.

20. Quoniam res humanae fragiles caducaeque sunt, semper aliqui *anquirendi*[2] *sunt*, quos diligamus et a quibus diligamur.

21. Nec scribere tantum nec tantum legere debemus; invicem hoc et illo *commeandum est* et alterum altero *temperandum*[3].

22. Matronae Lacaenae[4] filios, cum vulneribus aversis[5] mortui erant reportati, secreto et sine ullo funeris honore *sepeliendos* curabant.

23. *Sudandum*[6] *est* eis, qui publicis negotiis se accommodaverunt, pro communibus commodis, *adeundae* inimicitiae, *subeundae* saepe pro re publica tempestates, cum multis audacibus, improbis, non numquam etiam potentibus *dimicandum*.

24. Augustus multa exempla maiorum exolescentia[7] iam ex suo saeculo reduxit et ipse multarum rerum exempla *imitanda* posteris tradidit.

25. Eis, qui habent a natura adiumenta[8] *rerum gerendarum*, abiecta omni cunctatione *adipiscendi* magistratus et *gerenda* res publica *est*.

26. Faciam, quod vultis, ut potero, et ingrediar in disputationem ea lege, qua credo omnibus in rebus disserendis *utendum esse*, si errorem velis tollere, ut eius rei, de qua quaeretur, si, nomen quod sit, conveniat, explicetur, quid declaretur eo nomine.

---

[1] *devocare* herabrufen, herablocken, ablenken
[2] *anquirere* untersuchen, nachforschen, suchen, sich umsehen nach
[3] *temperare* mäßigen, beherrschen, schonen, richtig mischen
[4] *Lacaenae* adj. fem. plur. lakonisch, spartanisch
[5] *aversus, -a, -um* abgewandt, rückwärts, am Rücken befindlich [6] *sudare* schwitzen
[7] *exolescere* hier: veralten, aus der Mode kommen
[8] *adiumentum, -i* Hilfsmittel, Unterstützung, Stütze

17 Wer ist ein freier Mann?

An ille mihi liber, cui mulier imperat, cui leges imponit, praescribit, iubet, vetat, quod videtur, qui nihil imperanti negare potest, nihil recusare audet? Poscit, *dandum est.* Vocat, *veniendum.* Eicit, *abeundum.* Minatur, *extimescendum.* Ego vero istum non modo servum, etiam si in amplissima familia natus sit, *appellandum* puto.

Cicero
Paradoxon 5,37

Satzanalyse (Satz 26, S. 68):

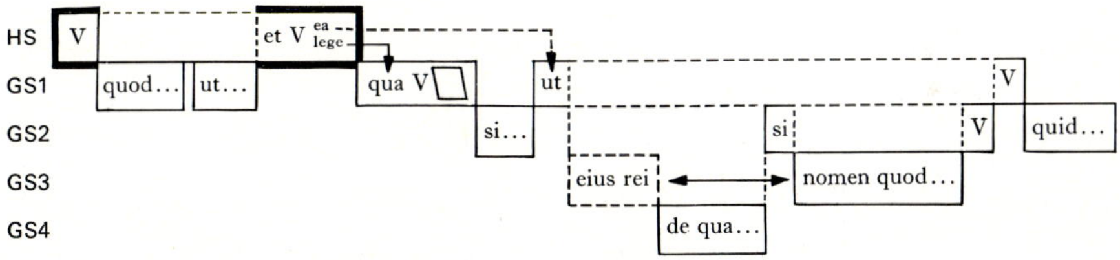

Gerundium und Gerundivum

1. Non solum magistratibus *praescribendus* est *imperandi,* sed etiam civibus *obtemperandi* modus.

2. Principi omni cura et diligentia *providendum est,* ut omnium earum rerum, quae *ad vivendum* necessariae sunt, copia civitati suppetat.

3. Certe oratores quidem melius aliquanto dicerent, si aliud *sumendum* sibi tempus *ad cogitandum,* aliud *ad dicendum* putarent.

4. Utendumne est ad bene beateque vivendum epularum[1], ludorum, venationumque apparatu[2]?

---

[1] *epulae, -arum* Speisen, Gerichte, Gastmahl, Schmaus
[2] *apparatus, -us* hier: glänzende, prächtige Zurüstung, Pracht, Prunk, Pomp

17 Strukturübungen

1. *Welcher Dativ liegt in den folgenden Sätzen mit Gerundivum jeweils vor? Objektsdativ oder Dativus auctoris?*

Universis ignoscendum est. – **Virtuti** opera danda est. – Danda est **animis** remissio[1]. – Idem **viris bonis** faciendum est. – Id non modo **laudi**, verum etiam **vitio** dandum puto. – **Generi humano** venia tribuenda est. – Delenda est **vobis** illa macula. – In cuiuscumque animo virtus inest, **ei** plurimum est tribuendum.

2. *Welchen Bedeutungsunterschied bedingt die verschiedene Struktur in den folgenden Sätzen?*

Optare hoc est, non disputare! – Hoc est optandum, non disputandum.

3. *In den folgenden Sätzen zeigen sich drei verschiedene Möglichkeiten der Verwendung des Gerundivums. Geben Sie das Gerundivum jeweils angemessen wieder!*

Caesar copiam frumenti **apportandam** curavit.
Philosophi virtutem etiam atque etiam **explicandam** putant.
Fruendis voluptatibus crescit carendi dolor.

Wählen Sie die richtige Übersetzung aus!

Welche der vier Übersetzungen des folgenden Satzes ist die richtige?

Libri inutiles sunt ignaro legendi.

1.	Untaugliche Bücher muß der Unkundige lesen.	
2.	Lesebücher sind dem Unkundigen nutzlos.	
3.	Dem Dummen muß man unnütze Bücher vorlesen.	
4.	Bücher sind für den des Lesens Unkundigen nutzlos.	

Spruchweisheit

TENENDA EST NOBIS IUSTITIAE VIA. –
MULTUM ET IN SE RECEDENDUM EST.

---

[1] *remissio, -onis* Lockerung

18 Mehrdeutige Konjunktionen

Zusammenfassung

CUM

1. *Cum* Latinis studebimus litteris, non respiciamus ad Graecas?
2. *Cum* senatus temptaret post Romuli excessum[1], ut ipse regeret sine rege rem publicam, populus id non tulit.
3. Hannibal iam subibat muros, *cum* repente in eum patefacta porta erumpunt Romani.
4. Praedones tum, *cum* Pompeio bellum maritimum gerendum datum est, toto mari dispersi vagabantur.
5. *Cum* Athenas tamquam ad mercaturam bonarum artium sis profectus, inanem redire turpissimum est.
6. Socrates *cum* facile posset educi e custodia, noluit.
7. Consumitur vigiliis reliqua pars noctis, *cum* sua quisque miles circumspiceret.
8. Homo est ex tot animantium generibus particeps rationis, *cum* cetera sint omnia expertia.
9. *Cum* omnium rerum simulatio est vitiosa, tum amicitiae repugnat maxime.
10. Concedo tibi, ut ea praetereas, quae, *cum* taces, nulla esse concedis.
11. Caesar *cum* primum per anni tempus potuit, ad exercitum contendit.

---

12. Helvetii fere cottidianis proeliis cum Germanis contendebant, *cum* aut suis finibus eos prohibebant aut ipsi in eorum finibus bellum gerebant.
13. *Cum* sint in nobis consilium ratio prudentia, necesse est deos haec ipsa habere maiora.
14. Socratis ingenium variosque sermones immortalitati scriptis suis Plato tradidit, *cum* ipse litteram Socrates nullam reliquisset.

---

[1] *excessus, -us* hier: Tod

15. Apollonius Alabandeus[1], rhetor nobilissimus, *cum* mercede doceret, tamen non concessit, ut ei, quos oratores evadere[2] non posse iudicabat, operam apud se perderent.

16. Sex libros de re publica tunc scripsimus, *cum* gubernacula rei publicae tenebamus.

17. *Cum* ad gubernacula rei publicae temerarii atque audaces homines accesserant, maxima ac miserrima naufragia[3] fiebant.

18. Compluribus iam lapidibus ex turri subductis[4] repentina ruina pars eius turris concidit, pars reliqua consequens procumbebat, *cum* hostes se porta foras proripiunt[5].

19. *Cum* multae res in philosophia nequaquam satis adhuc explicatae sunt, tum perdifficilis quaestio est de natura deorum.

20. *Cum* rex Pyrrhus populo Romano bellum ultro intulisset *cum*que de imperio certamen esset *cum* rege generoso ac potente, perfuga ab eo venit in castra Fabricii eique est pollicitus, si praemium sibi proposuisset, se Pyrrhum veneno necaturum.

UT

1. Et insolentia Pausaniae et Aristidis iustitia factum est, *ut* Graeci summam imperii a Lacedaemoniis deferrent ad Athenienses.
2. Edere oportet, *ut* vivas, non vivere, *ut* edas.
3. Legum idcirco omnes servi sumus, *ut* liberi esse possimus.
4. Perfice, *ut* ne minus res publica tibi quam tu rei publicae debeas.
5. Ager semel atque iterum aratur, *quo* meliores fructus possit edere.
6. Facio libenter, *ut* per litteras tecum quam saepissime colloquar.
7. *Ut* salutamus, ita resalutamur.
8. Caesar, *ut* supra diximus, in provinciam reverterat.
9. Pausanias *ut* virtutibus eluxit, sic vitiis est obrutus.

---

[1] *Alabandeus* aus Alabanda (Stadt in Kleinasien)
[2] *evadere* hier: werden zu [3] *naufragium, -i* Schiffbruch
[4] *subducere* hier: unten herausziehen, herausbrechen [5] *se proripere* sich herausstürzen

10. Isocrates maiore ingenio videtur esse, quam *ut* cum orationibus Lysiae comparetur.

11. *Ut* orator finem orationi imposuit, clamor undique cum ploratu[1] oritur.

12. Omnes labores te excipere video; timeo, *ut* sustineas.

13. Siciliam Verres per triennium ita vastavit, vexavit ac perdidit, *ut* ea restitui in antiquum statum nullo modo possit.

14. Romani ex loco superiore strage ac ruina fudere Gallos, *ut* numquam postea nec pars nec universi temptaverint tale pugnae genus.

---

15. Multi homines ita vivunt, *ut* si ad nullam rem nisi ad voluptates nati sint.

16. Multis idem propositum est, quod regibus, *ut* ne qua re egerent, ne cui parerent, libertate uterentur, cuius proprium est sic vivere, *ut* velis.

17. Si tanta potestas est stultorum sententiis atque iussis, *ut* eorum suffragiis[2] rerum natura vertatur, cur non sanciunt, *ut*, quae mala perniciosaque sunt, habeantur pro bonis et salutaribus?

18. Cum homines exsistunt in civitate pravi atque seditiosi et duces suorum studiorum vitiorumque sunt nacti, in re publica fluctus excitantur, *ut* vigilandum sit iis, qui sibi gubernacula patriae depoposcerunt, enitendumque omni scientia ac diligentia, *ut* tenere cursum possint.

19. Hannibal petens Etruriam adeo gravi morbo afficitur oculorum, *ut* postea numquam dextro aeque bene usus sit.

20. Persevera, *ut* coepisti, et quantum potes, propera, *quo* diutius frui emendato animo et composito possis!

21. Dei etiam, *ut* cum Gigantibus, sua propria bella gesserunt.

22. Hannibal *ut* Romanos multis et atrocibus proeliis devicit, ita rem publicam Romanam evertere non potuit.

---

[1] *ploratus, -us* Schreien, Heulen, Weheklagen
[2] *suffragium, -i* Abstimmung, Entscheidung, Stimmrecht, Urteil

23. Caesar committendum non putabat, *ut* pulsis hostibus dici posset eos ab se per fidem in colloquio circumventos.

24. *Ut* non efficias, quod vis, tamen mors *ut* malum non sit, efficies.

25. *Ut* in extrema iuga montis Massici ventum est et hostes ab oculis erant, agmen constitit.

26. Nonne Africani innocentia, *ut* alia non dicam, maxima laude digna est?

27. Adulatores, si quem laudant, vereri se dicunt, *ut* illius facta verbis consequi possint.

28. Hannibali nimis laeta res est visa maiorque, quam *ut* eam statim capere animo posset.

QUOD

1. Aristides nonne ob eam causam expulsus est patria, *quod* praeter modum iustus esset?

2. Multi homines, id *quod* difficilius putatur, adversam fortunam facilius ferunt quam secundam.

3. Bene facis, *quod* litteras anteponis voluptatibus. – Quis dubitet, quin donum dei sit, *quod* vivimus?

4. A principio huius belli, patres conscripti, *quod* cum impiis consceleratisque suscepimus, timui, ne condicio insidiosa[1] pacis studia libertatis recuperandae restingueret.

5. Non ego te, *quod* sciam, umquam ante hunc diem vidi.

6. Iure utimur eo, *quod* lex praescripsit.

7. Non est incertum, *quod* peccatum admiseris[2].

8. Non idcirco eorum usum dimiseram, *quod* iis suscenserem, sed *quod* eorum me pudebat.

9. Memento te, quae nos sentiamus, omnia probare, nisi *quod* verbis aliter utamur!

---

[1] *insidiosus, -a, -um* hinterlistig, heimtückisch [2] *admittere* hier: begehen, verschulden

18

10. Scipio querebatur, *quod* omnibus in rebus homines diligentiores essent quam in amicis deligendis.

11. Tantum eloquentia vales, ut non loqui et orare[1], sed, *quod* Pericli contigit, fulgurare[2] et tonare videaris.

---

12. *Quod* scire vis, qua quisque in te fide sit et voluntate, difficile est dictu de singulis.

13. Me accusas, non *quod* tuis rationibus non assentiar, sed *quod* nullis.

14. Illud mirabile fuit, *quod* ne nuntius quidem tantae cladis superfuerit.

15. Aetas nostra, *quod* interdum pudeat, iuris ignara est.

16. Sapiens legibus non propter metum paret, sed eas sequitur, *quod* id salutare maxime esse iudicat.

17. Quid est, *quod* tantopere te commoveat tuus dolor intestinus[3]?

18. Scire vis, *quod* gesserit bellum tum Pompeius. – Id praeterquam *quod* fieri non potuit, ne fingi quidem potest.

19. Cum illo homine Epicureo mihi omnia sunt communia, nisi *quod* in philosophia vehementer ab eo dissentio.

20. *Quod* litteris exstet, Pherecydes Syrius[4] primus dixit animos esse hominum sempiternos.

21. Non tam ista me sapientiae fama delectat, quam *quod* amicitiae nostrae memoriam spero aeternam fore.

22. Urbibus ad mare sitis illa magna commoditas inest et, *quod* ubique gentium est, ut ad eam urbem, quam incolas, possit adnatare, et rursus, ut id, *quod* agri efferant[5] sui, quascumque velint in terras, possint portare ac mittere.

---

[1] *orare* hier: reden, sprechen [2] *fulgurare* blitzen
[3] *intestinus, -a, -um* innerlich, im Innern
[4] *Syrius, -a, -um* aus Syrien stammend [5] *efferre* hier: hervorbringen, tragen

19 Begriffe

Im Sinnbezirk des Geistig-Seelischen

1. Statui res gestas populi Romani perscribere, eo magis, quod mihi a spe, metu, partibus rei publicae *animus* liber erat.

2. Is erat rei publicae status, ut eam unius *consilio* atque cura gubernari necesse esset.

3. L. Catilina fuit magna vi et *animi* et corporis, sed *ingenio* malo pravoque.

4. Non in eadem intentione aequaliter retinenda *mens* est, sed ad iocos devocanda.

5. In multis animalibus nullus *intellectus* dei est.

6. Verumne illud est, quo maxime probatur homines divini esse *spiritus*?

7. Omnis bona *ars* tum in exilium acta est, ne quid usquam honestum occurreret.

8. Saepe philosophi per ignorantiam veritatis a *ratione* desciverunt.

9. Non aetate, verum *ingenio* aspicitur *sapientia.*

10. *Prudentia* litterarum tuarum valde mihi est grata.

11. Virtutibus *animi* et *ingenii* homini cum deo manifesta cognatio est.

12. *Menti* regnum totius *animi* a natura tributum est.

13. Rei militaris *ratio* postulavit, ut ad nutum[1] et ad tempus omnes res a militibus administrarentur.

14. Equidem fateor me ad hoc bellum maiore studio quam *consilio* profectum.

15. Corpus multis eget rebus, ut valeat, *animus* ex se crescit, se ipse alit, se exercet.

16. Minime *artes* eae probandae, quae sunt ministrae voluptatum.

---

[1] *nutus, -us* Nicken, Wink, Gebot, Befehl

19

17. Non potest esse solubilis[1], qui cum deo et vultu et *mente* communis est.

18. Cato vino laxabat[2] *animum* curis publicis fatigatum.

19. Ut urbes civitates res publicae constituerentur, qui tandem fieri potuit, nisi homines ea, quae *ratione* invenissent, eloquentia persuadere[3] potuissent?

20. Danda est *animis* remissio[4]: meliores acrioresque requieti surgent.

---

21. Homines se congregaverunt, idque fecerunt nondum constituta loquendi *ratione.*

22. Virtus ista, quam affectamus, magnifica est, non quia per se beatum est malo caruisse, sed quia *animum* dignum efficit, qui in consortium[5] deo veniat.

23. Homines, etsi aliis multis, tamen hoc uno plurimum a bestiis differunt, quod *rationem* habent a natura datam *mentem*que acrem et vigentem.

24. Vir vere Romanus magna erat *prudentia* cum iuris civilis, tum rei militaris.

25. Nonne pulchrum vel hoc ipsum est, ex communi *intellectu* verbisque, quibus utuntur omnes, tantum assequi laudis et gloriae, ut non loqui et orare[6], sed, quod Pericli contigit, fulgurare[7] ac tonare videaris?

26. Solus homo *sapientia* instructus est, ut religionem solus intellegat, et haec est hominum atque mutorum vel praecipua vel sola distantia[8].

27. Cogito mecum, quantus ad spectaculum lusorium fiat concursus, quanta sit circa *artes* bonas solitudo.

28. Unde possum scire, quantum adversus paupertatem tibi *animi* sit, si divitiis diffluis?

29. Ipsa *ratio* neque tam nos iuvaret neque esset in nobis manifesta, nisi, quae concepissemus *mente*, promere etiam loquendo possemus, quod magis deesse ceteris animalibus quam *intellectum* et cogitationem quandam videmus.

---

[1] *solubilis, -e* auflöslich, zertrennbar [2] *laxare* lockern, entspannen
[3] *persuadere* hier: mit Überzeugungskraft durchsetzen
[4] *remissio, -onis* Lockerung, Entspannung [5] *consortium, -i* Gemeinschaft
[6] *orare* hier: reden [7] *fulgurare* blitzen [8] *distantia, -ae* Unterschied, Verschiedenheit

30. Caeca ac temeraria dominatrix[1] *animi* cupiditas ad se explendam viribus corporis abutitur.

31. Quantum inter philosophiam interest et ceteras *artes*, tantum interesse existimo in ipsa philosophia inter illam partem, quae ad homines, et hanc, quae ad deos pertinet.

32. *Ratio* homini bono *consilio* a dis immortalibus data est.

33. Valentior omni fortuna *animus* est, et in utramque partem ipse res suas ducit beataeque ac miserae vitae sibi causa est.

34. Quidam imperiti aiunt eadem *ratione* se natos, qua universa, quae spirant; quod dici ab homine fas non est.

35. Fuit quoddam tempus, cum homines nihil *ratione animi*, sed pleraque viribus corporis administrabant; tum nondum divinae religionis, non humani officii *ratio* colebatur.

Ein weiser Mann hat die Menschheit kultiviert

Sapiens quidam vir olim dispersos homines in agros et in tectis silvestribus abditos *ratione* quadam compulit unum in locum et congregavit et eos in unamquamque rem inducens utilem atque honestam, primo propter insolentiam reclamantes[2], deinde propter *rationem* atque orationem studiosius audientes ex feris et immanibus mites reddidit et mansuetos[3]. Ac mihi quidem videtur hoc nec tacita nec inops dicendi *sapientia* perfecisse potuisse, ut homines a consuetudine subito converteret et ad diversas *rationes* vitae traduceret.

Cicero
De inventione I 2

Definitionen

1. *Sapientia* est, ut a veteribus philosophis definitum est, rerum divinarum causarumque, quibus hae res continentur, scientia.

2. In homine summa pars est *animus* et in *animo ratio*, ex qua virtus est, quae *rationis* absolutio[4] definitur, quam etiam atque etiam explicandam putant philosophi.

---

[1] *dominatrix, -tricis* Herrscherin [2] *reclamare* Widerspruch erheben
[3] *mansuetus, -a, -um* an die Hand gewöhnt, zahm, gesittet, mild
[4] *absolutio, -onis* Vollendung, Vollkommenheit

19 Denksport

Die Anfangsbuchstaben der folgenden 17 Wörter ergeben eine Lebensweisheit von Seneca (in K. 9 enthalten). Diese Wörter stellen verschiedene Bedeutungen von **ratio** dar; sie sind zu finden in den unten angefügten 12 Sätzchen, in denen ratio jeweils in einer anderen Sinnuance verwendet ist (4 Bedeutungen kommen dabei zwei- bzw. dreimal vor).

1.	7.	13. ....
2.	8.	14. ....
3.	9.	15. ....
4.	10.	16. ....
5.	11.	17. ....
6.	12.	

Sätze (die vor den Sätzen stehenden Ziffern beziehen sich dabei auf die Ziffern der 17 Wörter):

1. Moneo, ut agentem te *ratio* ducat, non fortuna.

2./8./10. *Rationes* meas vestrae saluti anteposui.

3. Nihil *rationis* affers, quamobrem me heri non visitasti.

4./14. Ex virtute proficiscuntur honestae voluntates omnisque recta *ratio.*

5. Deus *rationem* vitae reposcet.

6./15. Cui non *ratio* privatae vitae cordi est?

7. *Ratio* docendi nec una omnibus nec singulis eadem semper fuit.

9. Erat tunc haec nova et ignota *ratio* solem lunae oppositum solere deficere.

11./17. Ne diiudicaveris carmina sine ulla arte et *ratione*!

12. Qua *ratione* homines primo in agros dispersi unum in locum congregati sunt?

13. Quis non vel dignitatis vel commodi habeat *rationem*?

16. Nonnulli Romani ad formulam[1] vixerunt, quae est Stoicorum *rationi* disciplinaeque consentanea[2].

---

[1] *formula, -ae* Regel [2] *consentaneus, -a, -um* übereinstimmend

19 Zusätzliche Hilfe:

Im folgenden sind synonyme Begriffe angegeben, die jeweils die an der betreffenden Stelle vorliegende Sinnuance von ‚ratio' einigermaßen abdecken oder wenigstens andeuten. Zu bestimmten Bedeutungen gibt es allerdings keine synonymen Entsprechungen.

1. = mens; 2./8./10. = commoda; 3. = (causa); 4./14. = consilium; 5. = ——; 6./15. = (dispositio); 7. = via; 9. = (dogma); 11./17. = doctrina (als Gegensatz von usus); 12. = modus; 13. = (respectus; vgl. respicere); 16. = ——.

Lösung s. S. 205!

Übungen zur Begriffsanalyse

1. *Wie kann der Plural folgender Begriffe wiedergegeben werden?*

in publicis privatisque rationibus – ingenia studiaque opprimere – animus malarum artium insolens – ingenii dotes vel animi artes – exquisita ingenia cenarum – explorare mentes deorum – belli pacisque consilia

2. *Welche besondere Sinnuance haben die Begriffe jeweils in den folgenden Wendungen?*

rationem habere – mentem mutare – aetate et consilio ceteros anteire – arcanis consiliis interesse – animo cadere – suo ingenio uti

3. *Versuchen Sie, die Bedeutung der Begriffe in den folgenden Doppelausdrücken angemessen zu erfassen!*

animus et mens – mens et cogitatio – animo et consilio paratus sum – animi et ingenii celeres motus – omnium mentes animosque perturbare – ratione ac via aliquid facere

Unterschied von memoria und ingenium

In his, quibus aluntur ingenia, id praestemus, ut, quaecumque hausimus, non patiamur integra esse, ne aliena sint! Concoquamus[1] illa; alioqui[2] in **memoriam** ibunt, non in **ingenium.**

Spruchweisheit

MALA MENS, MALUS ANIMUS.
DUX ATQUE IMPERATOR VITAE MORTALIUM ANIMUS EST.
SAPIENTIA EST UNA, QUAE MAESTITIAM PELLAT EX ANIMIS.

---

[1] *concoquere* hier: verdauen [2] *alioqui(n)* sonst, andernfalls

20 Rhetorische Stilmittel

1. *Litterarum* constat Catonem perstudiosum fuisse in senectute.

2. Consul dicitur ad *collegam* venisse visere *aegrotum.*

3. Interea Catilina cum expeditis in prima acie *versari*, laborantibus *succurrere*, integros pro sauciis[1] *arcessere*, omnia *providere*, multum ipse *pugnare*, saepe hostem *ferire.*

4. Avaritia semper *infinita insatiabilis*[2] est. – *Patrem* vita privare per se scelus est.

5. Philosophia *medetur animis*, *inanes sollicitudines detrahit*, *cupiditatibus liberat*, *pellit timores.*

6. Non est incertum, *quantum* possit exercitatio et temperantia etiam in senectute conservare *pristini roboris.*

7. *Invenerunt* artem rei publicae gerendae Graeci et alii, *florebant* ea Romani.

8. Dicebat melius quam scripsit *Hortensius.* – *Magnum* animo cepi *dolorem.*

9. Lycurgi leges laboribus erudiunt iuventutem, *venando currendo*, *esuriendo sitiendo*, *algendo*[3] *aestuando*[4].

10. Non quaero, quanta memoria Simonides fuisse dicatur; *de communi hominum memoria* loquor.

11. Evenit mihi, quod plerisque non suo vitio ad inopiam redactis[5]: *omnes ignoscunt*, *nemo succurrit.*

12. M. Metellum tu videlicet et *ad custodiendum et ad suspicandum sagacissimum* et *ad vindicandum fortissimum* fore putasti.

13. Cum *spe vincendi* simul abiecisti *certandi* etiam *cupiditatem.*

14. Quam turpe, si *ordinatio*[6] *eversione*[7], *libertas servitute* mutetur!

15. Cimbri et Teutoni repulsis legatis a Romanis, quod nequiverant *precibus*, *armis* petere coeperunt.

---

[1] *saucius, -a, -um* verwundet [2] *insatiabilis, -e* unersättlich
[3] *algere* hier: frieren [4] *aestuare* hier: schwitzen [5] *redigere in* in einen Zustand versetzen
[6] *ordinatio, -onis* Ordnung, geordneter Zustand [7] *eversio, -onis* Vernichtung, Zerstörung, Umsturz

20 16. Cethegus semper querebatur de ignavia sociorum: *natura ferox, vehemens, manu promptus* erat, maximum bonum in celeritate putabat.

17. Ex cupiditatibus *odia discidia*[1] *discordiae seditiones bella* nascuntur.

---

18. Latum est[2] ad populum, *vellent iuberent* populo Carthaginiensi bellum indici.

19. Si gladium quis apud te *sana mente deposuerit, repetat insanus, reddere peccatum sit, officium non reddere.*

20. *Stoicorum* non ignoras, quam sit subtile *disserendi genus.*

21. *Quantum* mihi vel fraus inimicorum vel causae amicorum vel tribuet *otii,* ad scribendum potissimum conferam.

22. Democritus luminibus[3] amissis alba scilicet discernere et atra non poterat; at vero *bona mala, aequa iniqua, honesta turpia, utilia inutilia, magna parva* poterat.

23. Quidnam tibi praestabilius videtur quam posse dicendo *tenere hominum mentes, allicere voluntates, impellere, quo velit, unde autem velit, deducere.*

24. Delectatur audiens multitudo et ducitur oratione et quasi voluptate quadam perfunditur; *gaudet dolet, videt plorat, favet odit, contemnit invidet, ad misericordiam inducitur, irascitur miratur, sperat timet.*

25. Plura *brevi tempore eversa quam multis annis stante re publica* scripsimus.

26. Facile sentio, quam *multorum* non modo discendi, sed etiam scribendi *studia* commoverim.

27. Saepe aut *voluptates omittuntur maiorum voluptatum adipiscendarum causa aut dolores suscipiuntur maiorum dolorum effugiendorum gratia.*

28. *Errare* mehercule malo *cum Platone* quam *cum istis vera sentire.*

29. Eas res, quae sensibus percipiuntur, *cernimus, audimus, gustamus, olfacimus*[4], *tangimus.*

---

[1] *discidium, -i* Trennung, Zerwürfnis
[2] *ferre ad populum* den Antrag vor das Volk bringen
[3] *lumina, -um* hier: Augen [4] *olfacere* riechen

30. Plato reliquit perfectissimam disciplinam[1], Peripateticos et Academicos, *nominibus differentes, re congruentes.*

31. Cum igitur praecipitur, ut nobismet ipsis imperemus, hoc praecipitur, ut ratio coerceat temeritatem. *Est* in animis omnium fere natura molle quiddam.

32. Nolite putare eos perterreri furiarum taedis[2] ardentibus: *sua quemque fraus et suus terror maxime vexat.*

Der Mensch, das geistbegabte Wesen

Animal hoc *providum sagax multiplex acutum memor plenum* rationis et consilii, quem vocamus hominem, praeclara condicione generatum est a deo supremo.

Cicero
De legibus I 7,22

Stil- und Strukturübungen

1. *Welche Begriffe sind in den folgenden Sätzen betont hervorgehoben? Durch welches stilistische Mittel?*

Serpit per omnium vitas sapientia.
Viri non est debilitari[3] dolore, frangi, succumbere.
In Hercynia silva[4] plebs publicos alit canes, optimates domesticos.
Tantam ingenuit animantibus conservandi sui natura custodiam.
Luget senatus, maeret equester ordo, tota civitas confecta senio[5] est.
Ut virtutis a Romanis, sic doctrinae sunt a Graecis exempla petenda.

2. *Im folgenden Satz erscheint in dem am Schluß stehenden Ablativ mit Partizip (Abl. abs.) ein Parallelismus. Welche gemeinsamen Bezugsglieder sind aus Gründen der prägnanten Kürze weggelassen?*

Disputatur, an Livius Drusus, iuvenis nefarius, ipse sibi manus attulerit; subito enim vulnere per inguen[6] accepto collapsus est,
aliquo dubitante, an mors eius voluntaria esset,
nullo ______, an ______ tempestiva[7] ______.

---

[1] *disciplina* hier: Schule [2] *taeda, -ae* Fackel [3] *debilitare* schwächen, lähmen
[4] *Hercynia silva* das hercynische Waldgebirge (nördlich der Donau gelegen, Germanien von Westen nach Osten in zwei Teile teilend) [5] *senium, -i* hohes Alter, Altersschwäche
[6] *inguen, -inis* Weichen, Unterleib [7] *tempestivus, -a, -um* frühzeitig, rechtzeitig

20 Zuordnungsaufgabe

Ordnen Sie den stilistischen Erscheinungen in den folgenden Sätzen jeweils die Bezeichnung zu, die auf sie zutrifft!

1	Laetus lubens laudes ago et grates.
2	Ita fit, ut ratio praesit, appetitus imperet.
3	Aegritudine sublata sublata est metus.
4	Septimus mihi Originum liber est in manibus.

A	Chiasmus
B	Hyperbaton
C	Parallelismus
C	Asyndeton

Zusammenspiel von Form und Inhalt

In den folgenden Sätzen stehen jeweils mehrere Verben bzw. Substantive asyndetisch nebeneinander. Welche inhaltliche Ausdrucksabsicht wird dabei jeweils durch das Asyndeton unterstützt (in Satz 1 ist diese graphisch verdeutlicht)?

1. Abiit excessit evasit erupit.
2. Cetera rape, trahe, tene, fuge, late!
3. Romae ruere in servitium consules patres eques.
4. Haec res vobis pacem, tranquillitatem, otium, concordiam afferat!

Spruchweisheit

ANIMI IMPERIO, CORPORIS SERVITIO UTIMUR.
RATIO NOSTRA CONSENTIT, REPUGNAT ORATIO.

Inschrift an einem Stadttor

Concordia res publicae parvae crescunt, discordia magnae concidunt.

Aufgabenstellungen aus dem Bereich der Sprach- und Textreflexion

Zur Kontrolle des Wissens und zur Vorbereitung auf Prüfungen

1. *Welcher Dativ liegt in den folgenden Sätzen vor?*
   a) **Civibus** est a vobis succurrendum.
   b) **Mihi** aut ridendum aut flendum est.

2. *In den folgenden Sätzen begegnen Gerundium und Gerundivum. Stellen Sie fest, wo das Gerundium und wo das Gerundivum verwendet ist!*
   a) Auxilii **petendi** causa me convenisti.
   b) Athenas **erudiendi** causa missus est.
   c) Medicamento **adhibendo** non omnes morbi sanantur.
   d) Memoria **excolendo** augetur.

3. *Welches Satzglied wird in den folgenden Beispielen jeweils vom Gliedsatz vertreten?*
   a) **Quem virum omnes dilexerunt**, mortuus est.
   b) Postulo a vobis, **ut in tempore redeatis.**
   c) Incertum est, **quid facturus sim.**
   d) **Ubi bene est,** ibi patria (est).

4. *Welche Bedeutung hat „quod" in den folgenden Sätzen?*
   a) Hominem ab homine ob id ipsum, **quod** homo sit, non alienum videri oportet.
   b) Non est, **quod** mireris.
   c) Nihil commisi, **quod** auctoritate mea indignum esset.
   d) **Quod** me Agamemnonem aemulari putas, falleris.

5. *Worin erkennen Sie das tertium comparationis in den folgenden Komparativsätzen?*
   a) Sicut magistratibus leges, sic populo magistratus praesunt.
   b) Quemadmodum socius in societate, sic heres in hereditate habet partem.

6. *In welcher Funktion ist das Partizip in den folgenden Sätzen gebraucht?*
   a) Vidi te **flagrantem** odio.
   b) Peloponnesus est paeninsula angustis Isthmi faucibus continenti **adhaerens.**
   c) Non **possidentem** multa vocaveris recte beatum.
   d) **Venienti** occurrite morbo!

7. *Wo liegt in den folgenden Sätzen eine „kryptoaktive" Konstruktion beim Ablativ mit Partizip vor?*

a) Pyrrhus **intellecta virtute** Romana statim desperavit armis.
b) **Oppido expugnato** Carthaginienses de salute non desperaverunt.
c) Miles pugnis[1] se defendit **gladio abiecto.**
d) Nonnulli **nulla arte adhibita** disputant.

8. *Welche Bedeutung hat „ut" in den folgenden Sätzen?*

a) Edimus, **ut** vivamus, non vivimus, **ut** edamus.
b) Atticus sic Graece loquebatur, **ut** Athenis natus videretur.
c) **Ut** oculus, sic animus se non videns alia cernit.
d) Iustitiae primum munus est, **ut** ne cui quis noceat.
e) **Ut** in extrema montis ventum est, agmen constitit.

9. *Erklären Sie Funktion und Konstruktion des Relativpronomens in den folgenden Sätzen!*

a) Hippias tyrannus crudelissimus fuit; **qua** re Athenienses eum fugaverunt.
b) Depelle superstitionem; **qua qui** imbutus est, quietus esse potest numquam!
c) Sapientiam appetamus; **qua** comparata in tranquillitate vivi potest.

10. *In den folgenden Sätzen stehen mehrere Infinitive. Wie hängen sie voneinander ab?*

a) Ex inimico cogita **fieri posse** amicum!
b) Solemus **dicere** bonum **esse** secundum naturam **vivere.**

11. *Welchen Sinn gibt der Konjunktiv jeweils dem Relativsatz in den folgenden Beispielen?*

a) Pecasse mihi videor, qui a te **discesserim.**
b) Natura homini addidit rationem, qua **regerentur** appetitus.
c) Epicurus se unus, quod **sciam**, sapientem profiteri ausus est.
d) Boni regis est eorum, quibus **praesit**, utilitati servire.

12. *In welche Konstruktion ist das Relativpronomen in den folgenden Sätzen „hineinverschränkt"?*

a) Id bonum est, **quo abundantem** licet esse beatissimum.
b) Grave ipsius conscientiae pondus est, **qua sublata** iacent omnia.
c) Ipsis deus consulit, **quos esse quam honestissimos** cupit.

---

[1] *pugnus, -i* Faust

13. *Wie ist der Konjunktiv Plusquamperfekt in den folgenden Sätzen zu erklären und zu übersetzen?*

a) Sciebas, si ad me **venisses**, me valde gavisurum esse.
b) Vobis sit persuasum me, si **potuissem**, vos adiuturos fuisse.
c) Trimalchionem illum ita vixisse legimus, velut si ad nullam rem nisi ad voluptates **natus esset.**

14. *In welchem syntaktischen Verhältnis stehen die Verbalformen „consociati" und „putandi" im folgenden Satz zueinander?*

Cum recta ratio sit lex, lege quoque consociati homines cum dis putandi sumus.

15. *Welche besondere Bedeutung hat „ratio" im folgenden Text?*

Est igitur, quoniam nihil est ratione melius, eaque est et in homine et in deo, prima homini cum deo rationis societas.

16. *Analysieren Sie die syntaktische Struktur des folgenden Satzes und benennen sie die tragenden Konstruktionen!*

Invenio, qui dicant inesse naturalem quandam inritationem animis commutandi sedes et transferendi domicilia.

17. *Analysieren Sie das Satzgefüge des folgenden Satzes nach der Kästchenmethode!*

Urbibus constitutis ut fidem colere et iustitiam retinere discerent et aliis parere sua voluntate consuescerent ac non modo labores excipiendos communis commodi causa, sed etiam vitam amittendam existimarent, qui tandem fieri potuit, nisi homines ea, quae ratione invenissent, eloquentia persuadere potuissent?

18. Epicurus ait:

„Non accedet ad rem publicam sapiens, nisi quid invenerit."

Zenon ait:

„Accedet ad rem publicam, nisi quid impedierit."

Die Aussagen von Epikur und Zenon sind ähnlich formuliert.

a) *Welche Wörter fehlen in der Formulierung Zenons? Welches Wort ist durch ein anderes ersetzt?*
b) *Welcher Unterschied in der inhaltlichen Aussage ist dadurch bewirkt?*
c) *Inwiefern wird dieser Unterschied durch die Textgestaltung verstärkt bewußt gemacht?*

19. *Welche zwei stilistische Mittel erkennen Sie im folgenden Satz?*

Omnium rerum natura cognita levamur superstitione, liberamur mortis metu, non conturbamur ignoratione rerum.

a) Chiasmus	b) Asyndeton	c) Hyperbel
d) Alliteration	e) Anapher	f) Hyperbaton
g) Klimax	h) Litotes	i) Ellipse

20. *Im folgenden Satz liegt ein Parallelismus vor.*

Ut virtutis a Romanis, sic doctrinae sunt a Graecis exempla petenda.

a) *Welche Wortblöcke stehen parallel?*

b) *Welches ist das gemeinsame Bezugsglied für die parallel einander zugeordneten Wortblöcke?*

c) *Durch welche stilistische Absicht ist eine derartige Ausdrucksweise bedingt?*

21. *Stellen Sie sechs Begriffe aus dem Sinnbezirk des Geistig-Seelischen zu einem Wortfeld zusammen und versuchen Sie eine gegenseitige inhaltliche Abgrenzung der Begriffe!*

22. *Welche Bedeutung hat „animus" im folgenden Text?*

Aristides Thebanus omnium primus **animum** pinxit et sensus hominis expressit, quae vocant Graeci ἤϑη (Stimmungen und Gefühle).

23. *Im folgenden Satz begegnet das Pronomen „qui" viermal. Welche Funktion und Bedeutung hat es an der jeweiligen Stelle?*

Qui sunt boni cives, **qui** belli, **qui** domi de patria bene merentes, nisi **qui** patriae beneficia meminerint?

24. *Welche Gliedsätze leitet die zweimal begegnende Konjunktion „ne" im folgenden Satz ein und welche Bedeutung hat sie jeweils?*

Caesar, quamquam timendum non erat, **ne** Ambiorix plus damni sibi inferret, tamen Eburonum agros depopulari[1] veritus non est, **ne** cives suos impune[2] trucidavisse videretur.

---

[1] *depopulari* verheeren, verwüsten

[2] *impune* Adv. ungestraft, straflos

2. Teil: Übersetzungsschule

1 Temporalsätze

Der Temporalsatz erfüllt als Gliedsatz die Funktion eines Adverbiales; er gibt eine Zeitbestimmung an.
Die zwei temporalen Angaben: *nachts – wenn es Nacht ist* sind zwar stilistisch nicht gleichwertig, aber ihrem Informationsgehalt nach synonym; sie werden also für diese Angabe fast unterschiedslos gebraucht.
Die Temporalsätze sind Primärkonstruktion für Zeitbestimmungen, die durch größere Zusätze erweitert sind (z.B.: *wenn es heute bei uns Nacht ist*) oder eine ganz spezielle Sinnrichtung haben (z.B.: *sooft/sobald es Nacht ist*). Diese Sinnrichtung wird in der Regel durch die einleitenden Konjunktionen angegeben.
Mit diesen Konjunktionen korrespondiert im Lateinischen das Tempus des Gliedsatz-Prädikats. Außerdem ist in der Tempusangabe des Prädikats das Zeitverhältnis zwischen dem Haupt-[1] und Gliedsatz miterfaßt. Da dieses einer strengen Gesetzmäßigkeit unterliegt, aus der sich für den Übersetzenden gewisse Schwierigkeiten ergeben, soll darauf kurz eingegangen werden. Zuvor sind einige allgemeine Bemerkungen über die Zeitangaben im Lateinischen nötig.

1. Die Zeitangaben in Haupt- und Gliedsätzen

Die lateinische Sprache hat zur Erfassung der Kategorie der Zeit, wie auch andere Sprachen, ein differenziertes Tempussystem. Doch in der Weise, wie im Lateinischen ein waches Sprachbewußtsein die in diesem Tempussystem liegenden Möglichkeiten zu einer genauen Zeitangabe nützt, liegt ein bemerkenswerter Unterschied zu den anderen Sprachen.

1.1 ‚Absolute' Zeitangaben

Diese Genauigkeit ist schon bei der Beobachtung der Zeitbereiche erkennbar, in die der Sprechende – von seinem zeitlichen Standort aus – das Zeitkontinuum einteilt, nämlich bei der Beobachtung von **Vergangenheit**, **Gegenwart** und **Zukunft**. Da diese Zeitangabe unabhängig vom zeitlichen Ablauf anderer Vorgänge erfolgt, kann man sie in gewissem Sinne als ‚losgelöst', als ‚**absolut**' bezeichnen.

---

[1] Der Einfachheit halber sei im folgenden immer Hauptsatz für den übergeordneten Satz gesagt; es kann durchaus sein (freilich seltener), daß ein Gliedsatz einem Satz untergeordnet ist, über den seinerseits wieder ein anderer Satz steht. Dann ist der übergeordnete Satz kein Hauptsatz. Der Normalfall ist aber das Hauptsatz-Gliedsatz-Verhältnis.

‚Absolute' Zeitangabe:

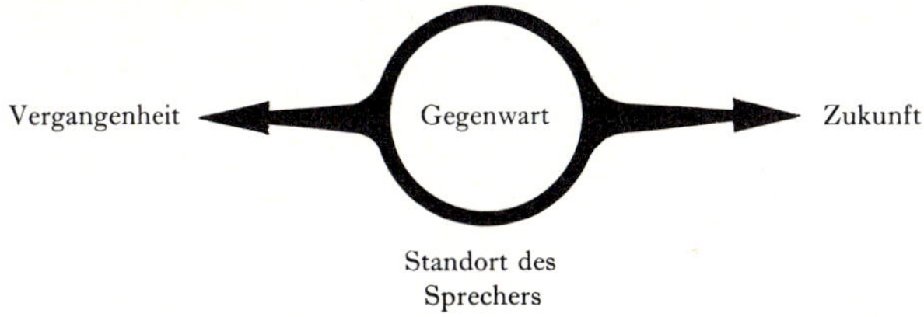

Besonders die klare Unterscheidung von Vorgängen der Gegenwart und Zukunft im Lateinischen hebt sich vom deutschen Sprachgebrauch auffallend ab. So lautet beispielsweise die Information:

① Cras ad te veniam. ② Morgen komme ich zu Dir.

Während im Deutschen ② das sinnweisende Zeitadverb *(‚morgen')* den Ablauf des Vorgangs in der Zukunft hinreichend deutlich macht, steht im Lateinischen ① auch das Prädikat in dem dafür zuständigen Tempus: Futur I *(veniam)*; es ist also die Zeitangabe zusätzlich durch das Zeitformans des Verbums ausgedrückt.

Zu beachten:

Nicht in jedem Fall ist in der deutschen Übersetzung das lateinische Tempus nachzugestalten.

1.2 Relative Zeitangaben

Noch stärker tritt die dem Lateinischen eigene genaue Zeitbeobachtung zutage, wenn die zeitliche Relation zweier oder mehrerer Vorgänge erfaßt wird. Vorgänge können zueinander **vorzeitig**, **gleichzeitig** oder **nachzeitig** sein. Der Vorgang, von dem aus das Zeitverhältnis festgelegt ist, wird als **Hauptvorgang** bezeichnet.
Die Vorgänge, die zum Hauptvorgang in ein zeitliches Verhältnis gesetzt sind, sind entweder gleichgeordnet oder untergeordnet; man kann sie **Nebenvorgänge** nennen.

1.2.1 Eine solche Art der Zeitbestimmung heißt **relative Zeitangabe**:

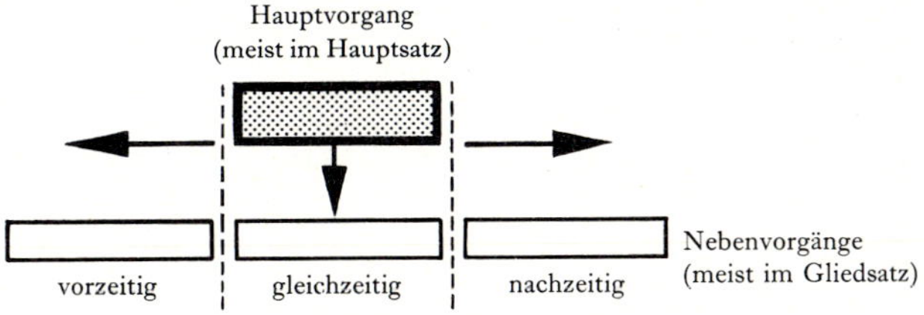

Das Zeitverhältnis, in dem die einzelnen Vorgänge zueinander stehen, ist in den Tempora der Prädikate eindeutig angegeben, bei einander gleichgeordneten Sätzen ebenso wie bei einander untergeordneten Sätzen. Auch hier wird der Unterschied der Sprachen wiederum am deutlichsten bei Zeitangaben der Zukunft erkennbar;

vgl. folgende Gegenüberstellung:

① Mox epistulam scripsero; tum ad te veniam.	② Bald habe ich den Brief geschrieben; dann komme ich zu dir.

Die ,absolute' Zeitangabe des 2. Satzes macht deutlich, daß die beiden aufeinander bezogenen Vorgänge in der Zukunft ablaufen. Dabei zeigt der Sinnzusammenhang, daß der Vorgang des 1. Satzes in der Zukunft abgeschlossen sein muß, wenn sich der Vorgang des 2. Satzes vollzieht.
Im Deutschen ② machen dieses Vorzeitigkeits-Verhältnis der Zukunft das Perfekt in Verbindung mit dem Zeitadverb *(,bald')* und der Sinnkontext mit dem folgenden Satz hinreichend deutlich.
Im Lateinischen ① ist das dafür zuständige Tempus Futur exakt/Futur II *(scripsero)* gesetzt; hier ist also das Zeitverhältnis im Zeitformans des Verbums miterfaßt.
Futur I und Futur II entsprechen sich im Verhältnis der Vorzeitigkeit. Derselbe Zeitbezug kann auch in syntaktisch einander untergeordneten Sätzen herrschen:

① Cum epistulam scripsero, ad te veniam.	② Wenn ich den Brief geschrieben habe, komme ich zu dir.

So ist allgemein festzuhalten: Die Tempora von Haupt- und Gliedsatz sind durch das jeweilige Zeitverhältnis festgelegt. Fester Bezugspunkt ist dabei immer das absolute Tempus des Hauptsatzes, dem jeweils für die drei Relationen bestimmte Zeiten des Gliedsatzes zugeordnet sind. Ein bestimmtes Tempus des Hauptsatzes hat für die Verhältnisse der Vorzeitigkeit, Gleichzeitigkeit und Nachzeitigkeit jeweils ein genau bestimmtes Tempus im Gliedsatz zur Folge. Dieses gesetzmäßig geregelte ,Zeitbezugs-System' nennt man **„Zeitenfolge"**[1].

In den Regelmechanismus der Zeitenfolge sind sowohl die indikativischen wie auch die konjunktivischen Gliedsätze einbezogen; dabei ist festzuhalten:

1. Bei den **indikativischen Gliedsätzen** gibt es die Relation der **Nachzeitigkeit** nicht.

---

[1] Der Begriff ,consecutio temporum' wird im allgemeinen nur auf die Zeitenfolge in den konjunktivischen Gliedsätzen verwendet.

2. Für die Regelung des Tempus in den **konjunktivischen Gliedsätzen** sind die Tempora des Hauptsatzes in zwei Gruppen zusammengefaßt, in die
   - **Haupttempora** (Präsens, präsentisches Perfekt, Futur I und Futur II) und
   - **Nebentempora** (Imperfekt, Perfekt, Plusquamperfekt).

1.2.2 Das System der ‚Zeitenfolge' zeigt eine so streng durchgehaltene Gesetzmäßigkeit, daß sie einen bestimmenden Zug der lateinischen Sprache darstellt. Deshalb soll das System in einem Schaubild verdeutlicht werden, das seine innere Geschlossenheit und Folgerichtigkeit unmittelbar vor Augen führt.

Zeitenfolge im Lateinischen:

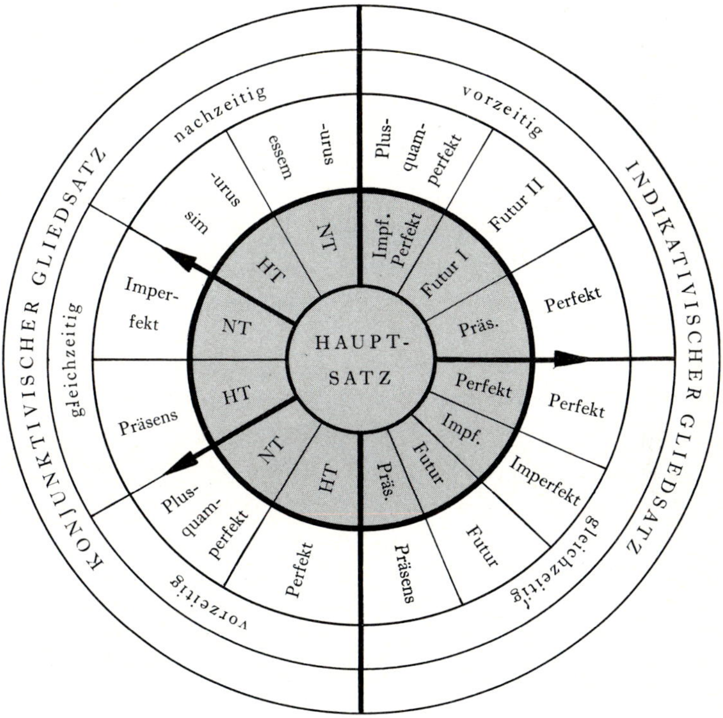

Zur Erklärung des Schaubildes:

Im grau unterlegten Zentrum des Kreises stehen die Tempora des Hauptsatzes (HT = Haupttempus; NT = Nebentempus). In den Kreisringen um dieses Zentrum stehen rechts die Tempora der indikativischen und links die Tempora der konjunktivischen Gliedsätze; sie sind dem Hauptsatztempus jeweils nach dem Kriterium des Zeitverhältnisses zugeordnet.

Verdeutlichung des Schaubildes an zwei Beispielen:

1. Konjunktivischer Gliedsatz (linke Bildhälfte): **NT → nachzeitig**

Roga**bas**, quando epistulam **scripturus essem.**	Du wolltest wissen, wann ich den Brief schreibe (*auch:* schreiben werde).

2. Indikativischer Gliedsatz (rechte Bildhälfte): **Futur I → vorzeitig**

Veni**am**, cum epistulam **scripsero.**	Ich werde kommen, wenn ich den Brief geschrieben habe.

1.2.3 Von der Gesetzmäßigkeit des Zeitenfolge-Systems weicht in bestimmten Fällen die Zeitangabe des Gliedsatzes ab, wenn der Sprechende von seinem Standort aus den Gliedsatzvorgang betrachtet und fixiert. Das **Tempus** ist dann aus dem Systembezug gelöst, es ist **‚absolut'**; dabei wird ein anderes zeitlogisches Moment wirksam.
Solche Fälle werden, sofern sich daraus Übersetzungsschwierigkeiten ergeben, im folgendem mitbehandelt.

1.2.4 *Zu beachten:*

Da die **Zeitenfolge in der deutschen Sprache** andere Kriterien für die Zeitangabe im Gliedsatz hat und zudem eine gleichermaßen genaue Unterscheidung nicht kennt, ergeben sich für das Übersetzen Konsequenzen. Der Übersetzende muß das System der lateinischen Zeitenfolge wenigstens im Umriß kennen. Erst wenn erkannt ist, warum im Lateinischen eine bestimmte Zeit steht und welche Zeitangabe damit gemacht ist, kann die Übersetzungsentscheidung getroffen werden, die sich nach dem System der deutschen Zeitenfolge richtet.
Allgemein ist festzustellen, daß Vorzeitigkeit und Nachzeitigkeit in der deutschen Zeitenfolge nicht immer mit der gleichen Trennschärfe berücksichtigt werden. Vor allem **Plusquamperfekt** und **Futur II** (seltener Futur I) gebraucht man im Deutschen selten; sie werden durch andere Tempora ersetzt; vgl.:

Cum Caesar in Galliam **venisset**, undique legati Gallorum ad eum convenerunt.	Als Caesar nach Gallien **kam**, kamen von überall her Gesandte zu ihm.
Cum Romam **venero**, statim te visam.	Wenn ich nach Rom **komme (gekommen bin)**, werde ich Dich besuchen (besuche ich Dich).
Rogo te, quando ad me **venturus sis.**	Ich frage Dich, wann Du zu mir **kommst**.

2. Verschiedene Arten von Temporalsätzen

Gliedsätze, die eine Tempusangabe machen, lassen sich nicht nur darin näher bestimmen, **wann** der in ihnen beschriebene Vorgang im Verhältnis zum Hauptsatz abläuft, sondern auch, **wie** er abläuft. Diese Sinnrichtung verdeutlichen in erster Linie die sinnweisenden Einleitungspartikeln der Gliedsätze, die **Konjunktionen.**

Diese Konjunktionen weisen hin:

2.1 auf das **bloße Registrieren** des Zeitvorganges im Gliedsatz

cum (historicum)	*Konj.*	als; nachdem
postquam (zumeist)	*Ind. Perf.*	nachdem
antequam **priusquam**	*Ind./Konj.*	ehe; bevor

2.2 auf die **genaue Fixierung** eines Zeitpunktes durch den Gliedsatz

(tum,) cum (relativum)	*Ind.*	(damals,) als (dann,) wenn

2.3 auf die **Wiederholung** des Gliedsatz- und Hauptsatzvorganges

cum (iterativum) **quotiens** quotienscumque	*Ind.*	(jedesmal) wenn; sooft

2.4 auf die **unverzügliche Abfolge** des Gliedsatz- und Hauptsatzvorganges

cum primum **ut** **ubi** **simul**(**-atque**)	*(zumeist) Ind. Perf.*	sobald als
dum **quoad**	*Ind./Konj.*	solange bis

2.5 auf das **zeitliche Zusammenfallen** des Gliedsatz- und Hauptsatzvorganges

dum	*Ind. Präs.*	während
dum quoad donec quamdiu	*Ind.*	solange als; solange

2.6 *Zu beachten:*

Da die lateinischen Konjunktionen im Deutschen ziemlich genaue Entsprechungen haben, ergeben sich hier kaum Übersetzungsprobleme. In der Zeitangabe unterscheiden sich jedoch einige mit bestimmten Konjunktionen eingeleitete Temporalsätze; der Übersetzende muß die hierin erkennbare sprachliche Differenz beachten.

2.6.1 In Sätzen, die mit **dum** *(während)* eingeleitet sind, steht auch bei Vorgängen der Vergangenheit **Indikativ Präsens**; dieses Präsens, das – als historisches Präsens – die **Gleichzeitigkeit der Vorgänge** andeutet, läßt sich im Deutschen nicht nachgestalten. Im während-Satz ist, wenn die Vorgänge in der Vergangenheit ablaufen, im Deutschen ein Tempus der Vergangenheit, meist das Imperfekt, erforderlich.

Vgl.:

Dum ea **perficiuntur**, Helvetii ad Rhenum contenderunt.	Während dies durchgeführt **wurde**, eilten die Helvetier zum Rhein.

2.6.2 In Sätzen, die mit **postquam**[1] *(nachdem)*, **cum primum**, **ubi**, **ut** usw. *(sobald als)* eingeleitet sind, herrscht sehr häufig absolutes Tempus (vgl. 1.2.3, S. 94); d.h. die Tempusangabe unterliegt nicht den Gesetzen der Zeitenfolge, da der Inhalt des Gliedsatzes gegenüber dem Hauptsatz eine selbständigere Geltung beansprucht. In solchen Fällen steht **Indikativ Perfekt**[2], unabhängig davon, welches Tempus im Hauptsatz steht. Dieses Perfekt, das – als historisches Perfekt – die **Einmaligkeit eines Ereignisses** der Vergangenheit ausdrückt, ist im Deutschen nicht nachahmbar. Im Gliedsatz ist hier jeweils das Tempus zu setzen, das die Regeln der deutschen Zeitenfolge bedingen.

Vgl.:

Postquam Germani agros Gallorum **adamaverunt**, plures Rhenum transierunt.	Nachdem die Germanen an den Gebieten der Gallier Geschmack **gefunden hatten**, setzten noch mehr über den Rhein.
Caesar, cum primum per anni tempus **potuit**, ad exercitum contendit.	Caesar eilte, sobald es ihm die Jahreszeit **erlaubte**, zum Heer.

---

[1] *postquam* < *post . . . quam:* es handelt sich hier wohl um einen alten Komparativsatz.
[2] Zuweilen steht in derselben Funktion auch historisches Präsens.

2.6.3 Einige Konjunktionen haben im Lateinischen – z. T. in Analogie zu anderen Konjunktionen – den **Konjunktiv** nach sich: immer **cum historicum**, gelegentlich **antequam / priusquam, dum / quoad** *(solange bis)*. In der deutschen Übersetzung kann dieser Konjunktiv nur selten angemessen berücksichtigt werden. Ein finaler Nebensinn (vor allem nach *antequam / priusquam*) läßt sich zuweilen mit ‚können' erfassen.

Vgl.:

Cum Caesar in Galliam **venisset**, undique legati Gallorum ad eum convenerunt.	Als Caesar nach Gallien **kam**, suchten ihn von überall her Gesandte der Gallier auf.
Caesar probabat Pompeium sequi, priusquam ille se transmarinis auxiliis **confirmaret**.	Caesar hielt es für richtig, Pompeius zu verfolgen, bevor er sich mit überseeischen Hilfstruppen **verstärken konnte**. (Nebensinn: damit er nicht erst ... konnte)

3. Die wichtigsten Konjunktionen der Temporalsätze

cum		
historicum	*Konj.*	als; nachdem
relativum	*Ind.*	(dann,) wenn; (damals,) als
iterativum	*Ind.*	(jedesmal) wenn; sooft
cum primum		sobald als; sobald
cum interea		während (inzwischen)
antequam / priusquam		ehe; bevor
dum	*Ind. Präs.*	während
dum / quoad	*Ind./Konj.*	solange als; solange bis
quamdiu / donec	*Ind.*	solange als; solange
post(ea)quam	*Ind. Perf.*	nachdem
ubi / ut / simul(-atque)	*Ind. Perf.*	sobald als; sobald

2 Kausal-, Konsekutiv-, Konzessiv- und Finalsätze

Die Kausal-, Konsekutiv-, Konzessiv- und Finalsätze sind Gliedsätze, die an der Stelle des Adverbiales stehen; in ihnen ist ein Adverbiale des Grundes im weitesten Sinne ausgedrückt.
Diese Gliedsätze sind für **kausallogische Bestimmungen**, die durch größere Zusätze erweitert sind oder eine besondere Sinnrichtung haben, die Primärkonstruktion.
Die **Zeitsetzung** ist auch hier durch das Zeitverhältnis zwischen Haupt- und Gliedsatz geregelt, sie unterliegt also derselben Gesetzmäßigkeit wie bei den Temporalsätzen (vgl. K1: 1.2.2, S. 93f.).
Die **Modussetzung** dient hier vor allem der Nuancierung des kausallogischen Sinnes; diese läßt sich in der Übersetzung nur schwer nachgestalten.

Festzuhalten ist:

- Durch den **Indikativ**, den Modus der Wirklichkeit, ist etwas als **wirklich**, als **tatsächlich vorkommend** hingestellt.

- Durch den **Konjunktiv**, den Modus des Wunsches, der Möglichkeit und Nichtwirklichkeit, ist etwas als **erwünscht** oder **möglich**, als nur **gedacht** oder **nicht wirklich** hingestellt.

1. Die kausallogische Verknüpfung

1.1 Die beiden Aussagen:

① *Cicero ist verbannt worden.*

② *Cicero hat sich um den Staat bemüht.*

können in einem Gefüge von Haupt- und Gliedsatz kausallogisch verknüpft, d.h. in einen Begründungszusammenhang gebracht werden.
Die kausallogische Verknüpfung von Hauptsatz (HS) und Gliedsatz (GS) erfaßt ein Ursache-Wirkungs-Verhältnis. Je nach dem Aspekt, unter dem die beiden Aussagen einander zugeordnet werden, ist dieses Verhältnis verschieden. Diese Verschiedenheit wird in den Konjunktionen ausgedrückt, mit denen die beiden Sätze verbunden sind; vgl. folgende Übersicht:

1.2 Möglichkeiten kausallogischer Verknüpfung

Aussage ①	Aussage ②	Kausallogische Funktion des Gliedsatzes	Glied-satzart
1.2.1 Cicero **quod**(**cum**) in exilium pulsus erat (esset), **Da** Cicero verbannt worden war,	rei publicae operam dare non poterat. konnte er sich nicht um den Staat bemühen.	Der GS enthält die **tatsächliche Begründung** für den Vorgang des HS. Der GS beinhaltet den *Realgrund.*	*Kausal-satz*
1.2.2 Cicero in exilium pulsus est, Cicero wurde verbannt,	**ut** rei publicae operam dare non posset. **so daß** er sich nicht um den Staat bemühen konnte.	Der HS enthält die **Begründung** für den Vorgang des GS. Der GS stellt die *Folge des Realgrundes* dar.	*Konsekutiv-satz*
1.2.3 Cicero **cum** in exilium pulsus esset, **Obwohl** Cicero verbannt worden war,	rei publicae operam dedit. bemühte er sich um den Staat.	Der GS gibt die Begründung an, **weshalb** sich der Vorgang des HS eigentlich **nicht hätte vollziehen dürfen.** Der GS gibt die *Mißachtung des Realgrundes* an.	*Konzessiv-satz*
1.2.4 Cicero in exilium pulsus est, Cicero wurde ver-bannt,	**ne** rei publicae operam dare posset. **damit** er sich **nicht** (mehr) um den Staat be-mühen konnte.	Der GS gibt den **Grund** an, **dessentwegen** sich der Vorgang des HS vollzieht. Der GS enthält den *Finalgrund.*	*Finalsatz*

2. Konjunktionen der kausallogischen Verknüpfung

Den genannten vier Arten von kausallogischer Verknüpfung sind jeweils verschiedene Konjunktionen zugeordnet. Die für eine bestimmte kausallogische Verknüpfung zuständigen Konjunktionen sind entweder synonym oder enthalten eine zusätzliche Sinnschattierung.

2.1 Kausalsätze

quod / **quia**	*Ind.*	da; weil (mehr: tatsächlicher Grund)
cum	*Konj.*	da; weil (mehr: logischer – gedachter Grund)
quoniam	*Ind.*	da ja
quando (-quidem)	*Ind.*	da einmal
quippe cum	*Konj.*	da ja
praesertim cum	*Konj.*	zumal da

Zu beachten:

2.1.1 Der Konjunktiv in den kausalen *cum*-Sätzen, die mehr einen gedachten Grund ausdrücken, kann in der deutschen Übersetzung nicht berücksichtigt werden.

2.1.2 In mit *quod/quia* eingeleiteten Kausalsätzen steht nicht selten Konjunktiv wegen ‚innerlicher Abhängigkeit'. Er läßt erkennen, daß die Begründung nicht tatsächlich gegeben ist, sondern eine Meinung einer anderen Person, zumeist des Subjektes des übergeordneten Satzes, darstellt. In der deutschen Übersetzung ist dies kaum angemessen erfaßbar.

Vgl.:

Aristides nonne ob eam causam expulsus est patria, quod praeter modum iustus **esset**?

Ist Aristides nicht deshalb aus der Vaterstadt vertrieben worden, weil er über die Maßen – *nach Meinung seiner Mitbürger* – gerecht **war**?

2.2 Konsekutivsätze

ut	*Konj.*	daß
ut non	*Konj.*	daß nicht

Zu beachten:

2.2.1 Auf den Konsekutivsatz weisen in der Regel demonstrative Adverbien wie *sic*, *ita*, *adeo*, *tam* u.ä. oder demonstrative Adjektive wie *talis*, *tantus*, *eiusmodi*, *is*, *hic* u.ä. hin. Die Demonstrativa *is* und *hic* sind daher mit *solcher*, *solche*, *solches* zu übersetzen. Vgl.:

Alcibiades **ea** (**hac**) erat sagacitate, **ut** decipi non posset.	Alkibiades besaß **solchen** Scharfsinn, **daß** er nicht getäuscht werden konnte.

2.2.2 Zuweilen ist in der deutschen Übersetzung erst ein entsprechendes Demonstrativum zu ergänzen. Vgl.:

In naturis hominum dissimilitudines sunt, **ut** alios dulcia, alios amara delectent.	In den natürlichen Veranlagungen des Menschen gibt es Unterschiede, **so daß** die einen Süßes, die anderen Bitteres erfreut.

2.2.3 *Ut non* kann manchmal mit *ohne daß* wiedergegeben werden. Vgl.:

Non possunt in civitate multi fortunas amittere, **ut non** plures secum in eandem trahant calamitatem.	Es können in der staatlichen Gemeinschaft nicht viele ihr Vermögen verlieren, **ohne daß** sie noch mehr mit sich in dasselbe Unglück reißen.

2.3 Konzessivsätze

cum	*Konj.*	obwohl; wenn auch; wenngleich
quamquam	*Ind.*	obwohl; wenn auch
etiamsi / etsi	*Ind.*	auch wenn; selbst wenn
quamvis	*Konj.*	wenn auch noch so sehr
licet *(mit Verbum im Konj.)*		mag auch
ut *(meist an der Satzspitze)*	*Konj.*	angenommen, daß; wenn auch
Verbum im Konj. – sane		mag immerhin

Zu merken:

2.3.1 Gelegentlich begegnet *cum mit Konj.* in einer Bedeutung, die zwischen der konzessiven und kausalen Sinnrichtung liegt: *wo doch ...*

2.3.2 Zuweilen drückt *cum mit Konj.* einen stark adversativen Sinn aus (cum adversativum): *während (hingegen) ...*; *cum mit Konj.* bezeichnet auch einen modalen Nebenumstand: *wobei ...*

Zu beachten:

2.3.3 Der lateinische Konjunktiv, in dem die Einräumung eines **möglichen Grundes** spürbar wird, kann in der deutschen Übersetzung nur selten (*mag auch* . . . o.ä.) berücksichtigt werden.

2.3.4 Die Konjunktion *quamvis* kann manchmal einem bloßen Adjektiv (seltener Adverb) eine konzessive Sinnrichtung geben. Vgl.:

Germani ad quemvis numerum equitum **quamvis pauci**[1] adire audent.	Die Germanen wagen es, jede beliebige Zahl von Reiter **wenn auch in noch so geringer Zahl** anzugreifen.

2.4 Finalsätze

ut	*Konj.*	damit
ne	*Konj.*	damit nicht
quo	*mit Komparativ u. Konj.*	damit um so . . .
quo	*Konj.*	damit dadurch
ut ne	*Konj.*	damit ja nicht
ut . . . nec	*Konj.*	damit . . . und damit nicht . . .
ne . . . neve	*Konj.*	damit nicht . . . und nicht . . .

2.4.1 *Zu merken:*

Oftmals sind im laufendem Text kurze **finale Einschübe** gemacht, in denen der Autor als sprechende Person hervortritt; er bestimmt dann einen verwendeten Ausdruck oder ein Argument genauer oder schwächt dieses ab; er gibt dem Gedankengang eine andere Wendung oder ruft sich zum Thema zurück.

Folgende Wendungen treten häufig auf:

ne dicam	um nicht zu sagen
ut ita dicam	sozusagen
ut omittam alia	um anderes beiseite zu lassen
ut de ceteris taceam	um vom übrigen zu schweigen
ut redeam ad id, de quo agitur	um zum Thema zurückzukehren

[1] Es liegt dann wohl ein verkürzter Gliedsatz vor, etwa: *quamvis pauci (sint)*.

3 Kondizional- und Komparativsätze

Die Kondizional- und Komparativsätze sind ebenfalls Gliedsätze, die – im weitesten Sinne – das Adverbiale des Grundes vertreten. Auch hier herrscht zwischen Haupt- und Gliedsatz ein kausallogisches Verhältnis.
In einem **kondizionalen Satzgefüge (Periode)** ist in der Bedingung des Gliedsatzes der **Grund** für die sich daraus ergebende (im Hauptsatz stehende) Folgerung ausgedrückt.

Vgl.:

Si quis nihil edit, moritur. Wenn einer nichts ißt, stirbt er.

Die Bedingung (das ‚Nicht-Essen') ist der Grund für die Folgerung (das ‚Sterben').

Ebenso liegt hinter dem **Gefüge eines Komparativsatzes** ein Grund-Folge-Verhältnis verborgen.

Vgl.:

Ut sementem feceris, ita metes. Wie du säst, so erntest du.

Die Art des Säens ist der Grund für die Art des Erntens.

Die Zeitsetzung unterliegt in den Kondizional- und Komparativsätzen in der Regel der Gesetzmäßigkeit der Zeitenfolge (vgl. K 1: 1.2.2, S. 93f.).
In diesen Sätzen tritt allerdings neben der Zeitsetzung und kausallogischen Verknüpfung eine andere Dimension der Sprache in den Vordergrund. Es ist die **Dimension der Wirklichkeitserfassung**; d.h. es drückt sich darin vornehmlich aus, wie die Aussage mit der Wirklichkeit übereinstimmt.

1. Die Wirklichkeitserfassung in den Kondizionalsätzen

1.1 Der Realis

Die Aussage ‚*Wenn einer nichts ißt, stirbt er*' kann als eine reine Annahme, als bloße logisch widerspruchsfreie Gedankenabfolge genommen sein, ohne daß die konkrete Verwirklichung des darin ausgedrückten Inhalts mitberücksichtigt ist. Dies schließt natürlich nicht aus, daß das darin enthaltene Grund-Folge-Verhältnis jederzeit Wirklichkeit, also Realität, werden kann.
Zumeist sind solche Aussagen in der sprachlichen Kommunikation an eine

konkrete Situation gebunden. Wenn z. B. ein Arzt einem Menschen, der sich zu essen weigert, vorhält:

Si nihil ederis, brevi morieris.	Wenn du nichts ißt, wirst du in Kürze sterben.

dann ist dies nicht mehr eine reine Annahme, sondern die für eine konkrete Wirklichkeit zutreffende Aussage.
Die logische Konsequenz ist eine tatsächliche Konsequenz. Bedingung und Folgerung werden als **wirklich**, als ‚real' angesehen; der dafür zuständige Modus ist der **Indikativ.**
Ein derartiges Kondizionalverhältnis bezeichnet man deshalb als **Realis.**

1.2 Der Potentialis

In einem kondizionalen Satzgefüge kann sowohl die Bedingung wie auch die Folgerung als nur **möglich**, als **in Gedanken vorgestellt**, ausgedrückt sein. Der Sprechende will für den Wirklichkeitsgehalt seiner Aussage entweder aufgrund nicht ausreichenden Wissens oder aus taktvoller Zurückhaltung nicht voll garantieren. Der dafür zuständige Modus ist der **Konjunktiv.**

Si sero venias, puniaris.	Wenn du zu spät kommen solltest, so wirst du – *das ist wohl anzunehmen* – bestraft.

Ein derartiges Kondizionalverhältnis bezeichnet man als **Potentialis.**

1.2.1 *Zu beachten:*

Gelegentlich sind Potentialis und Realis in einer Periode verbunden:

Si sero venias, puniris.	Solltest du zu spät kommen, so wirst du – *mit Sicherheit* – bestraft.

Die Bedingung ist nur als möglich angenommen, die daraus abgeleitete Folgerung aber als tatsächlich zutreffend, als wirklich hingestellt.

1.3 Der Irrealis

In einem kondizionalen Satzgefüge kann die Bedingung und die sich daraus ergebende Folgerung als **nicht wirklich** hingestellt sein; d. h.: die Gedankenabfolge in Haupt- und Gliedsatz ist so dargestellt, daß die Gesamtaussage als nicht realisierbar oder als nicht realisiert erscheint.

Vgl.:

① Si mentireris, honestus non esses.	Wenn du lögest, wärest du kein Ehrenmann.

② Si tacuisses,
philosophus mansisses.

Wenn du geschwiegen hättest,
wärest du ein Philosoph geblieben.

Zu Satz ①:

Die Folgerung trifft nicht zu: ‚*du bist ein Ehrenmann; denn du lügst tatsächlich nicht*‘ (was sich freilich nur aus einem größeren Aussage-Zusammenhang erschließen läßt).

Zu Satz ②:

Die Folgerung trifft nicht zu: ‚*du bist kein Philosoph geblieben; denn du hast tatsächlich nicht geschwiegen*‘ (was ich ja unmittelbar oder mittelbar gehört habe).

Ein derartiges Kondizionalverhältnis bezeichnet man als **Irrealis.**

Die irreale Aussage ist im Lateinischen am **Konjunktiv Imperfekt** bzw. **Plusquamperfekt** ablesbar.

Man unterscheidet:

Irrealis der Gegenwart:	**Konjunktiv Imperfekt**
Irrealis der Vergangenheit:	**Konjunktiv Plusquamperfekt**

Zu beachten:

1.3.1 Die Modussetzung im Deutschen entspricht der im Lateinischen; allerdings wird der Konjunktiv Imperfekt im Deutschen nicht nur für eine irreale Aussage verwendet; er bezeichnet oft auch eine potentiale Aussage. Vgl.:

Si me visites,
gaudeam.

Wenn du mich besuchen solltest,
würde ich mich freuen.

Das Lateinische und Deutsche unterscheiden sich also in der Genauigkeit bei der Verwendung der sprachlichen Mittel, mit denen die Dimension der Wirklichkeit erfaßt wird.

1.3.2 Irrealis der Vergangenheit und Gegenwart können gelegentlich in ‚Mischform‘ auftreten. Vgl.:

Si tacuisses,
philosophus (adhuc)
putareris.

Wenn du geschwiegen hättest,
würdest du (jetzt noch) als
Philosoph gelten.

Die Bedingung liegt in der Vergangenheit, die sich daraus ergebende Folgerung wirkt bis in die Gegenwart weiter.

1.3.3 Zum Irrealis im AcI s. K. 10: 4, S. 143!

2. Die Wirklichkeitserfassung in den Komparativsätzen

2.1 Auch in den Komparativsätzen geht es um die Erfassung der Wirklichkeit; allerdings in einem anderen Sinne als in den Kondizionalsätzen.

Vgl. folgende komparative Satzgefüge:

① Ut sementem feceris, ita metes.	Wie du säst, so erntest du.
② Qualis rex, talis grex.	Wie der König, so die Herde.

In beiden ist jeweils ein kausallogisches Verhältnis in einem bestimmten anschaulichen Wirklichkeitsbereich (Landwirtschaft ①, Regentschaft ②) erfaßt. Die Aussagen lassen sich in verschiedenen Sprechsituationen auf allgemeine, weniger anschauliche Wirklichkeitsbereiche übertragen; sie könnten dann etwa bedeuten:

① *Wie du arbeitest, so verdienst du.*

② *Wie der Betriebsleiter, so die Angestellten.*

Solche Satzgefüge, die eine streng geregelte Entsprechung (Korrelation) von Tatbeständen in einem **einzigen** Wirklichkeitsbereich ausdrücken, haben zwar den Charakter eines Vergleichs, sie lassen aber die innere Struktur des Vergleichs nicht deutlich erkennen.

2.2 Anders in folgendem Satzgefüge:

① Sicut sol omnium hominum,	Wie die Sonne allen Menschen,
② ita res publica omnium civium communis est.	so ist der Staat allen Bürgern gemeinsamer Besitz.

Hier sind die **zwei** Wirklichkeitsbereiche, die miteinander in Verbindung gebracht werden, ausdrücklich genannt:

①	②
Sonne ↔ *Menschen*	*Staat* ↔ *Bürger*

Die Verbindung erfolgt durch ein beiden Wirklichkeitsbereichen gleichermaßen zugehöriges Aussageelement *(der gemeinsame Besitz)*, also durch ein gemeinsames Drittes, das den Vergleich ermöglicht; dieses nennt man **„tertium comparationis“**.

Im Schema:

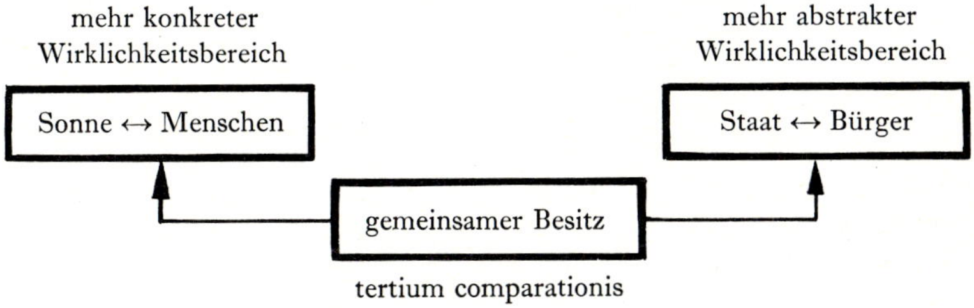

Die beiden miteinander verbundenen Wirklichkeitsbereiche müssen also in ihrer gedanklichen und sprachlichen Struktur eine gewisse Parallelität haben. Ziel ist es, mit Hilfe einer mehr konkreten, ohne weiteres einsichtigen Wirklichkeit eine auf den ersten Blick weniger zugängliche, mehr abstrakte Wirklichkeit klarer und nachhaltiger anzugeben.

2.3 Der Wirklichkeitsbereich des Komparativsatzes kann dabei jeweils **verschieden schattiert** sein.
Er kann als **wirkliche, objektiv gültige Tatsache** angegeben sein.
Modus: Indikativ

Quemadmodum animus corpori,	Wie der Geist über den Körper,
ita rex populo imperat.	so herrscht der König über das Volk.

Er kann als nur **möglich, in Gedanken vorgestellt** oder auch als **unwirklich** angenommen sein.
Modus: Konjunktiv Präsens bei potentialem Vergleich,
Konjunktiv Imperfekt/Plusquamperfekt bei irrealem Vergleich

Quasi imperator sis,	**Als** wärest du ein Feldherr,
nobis imperas.	so gebietest du über uns.
Nos contempsisti,	Du hast uns verachtet,
tamquam tibi aqua et	(**so**) **als** hätten wir dich geächtet.
igni interdixissemus.	(**wie wenn** wir .... hätten)

In solchen Fällen wird in der Regel die Intensität des Vergleichs gesteigert; dabei schwingt in der Aussage gelegentlich ein ironischer Nebenton mit.

3. Konjunktionen der Kondizional- und Komparativsätze

Die Kondizional- und Komparativsätze können jeweils von verschiedenen Konjunktionen eingeleitet sein; stilistische Abwechslung oder eine zusätzliche Sinnschattierung bedingen diese Verschiedenheit. Die deutsche Sprache hat dafür mehr oder weniger treffende Entsprechungen.

3.1 Kondizionalsätze

si	wenn
nisi	wenn nicht
quodsi	wenn nun; wenn also
sive – sive seu – seu	sei es daß – oder daß
sin (autem/vero)	wenn aber
nisi forte	es müßte denn sein, daß
si quidem	wenn wirklich; insofern
nihil nisi	nichts außer
non nisi	nur

Zu beachten:

3.1.1 Die **kondizionalen Perioden** lauten:

Art der Periode	Kondizionalsatz: GS	Folgerungssatz: HS
Realis	si *Ind. aller Zeiten*	*Ind. aller Zeiten*
Potentialis	si *Konj. Präs./Perf.*	*Konj. Präs./Perf.*
Irrealis		
der Gegenwart	si *Konj. Imperfekt*	*Konj. Imperfekt*
der Vergangenheit	si *Konj. Plusquamperfekt*	*Konj. Plusquamperfekt*

3.1.2 Bei dem nicht selten vorkommenden **Realis im Futur** wird im Deutschen die Vorzeitigkeit nicht ausgedrückt (s. K. 1: 1.2.4, S. 94); vgl.:

Si id fec**eris**, tibi magnam habe**bo** gratiam.	Wenn du das **tust** (getan hast), werde ich dir sehr dankbar sein.

3.1.3 Gerät eine derartige Periode in die Abhängigkeit einer Infinitiv-Konstruktion (s. K 10: 4, S. 143), so erscheint im Kondizionalsatz der Konjunktiv, und zwar häufig der Konjunktiv Plusquamperfekt als Ersatzform für den nicht vorhandenen Konjunktiv Futur II.

Vgl.:

Nonne sciebas me, si id **fecisses**, tibi magnam habituram gratiam?	Wußtest du nicht, daß ich Dir, wenn du das **tätest**, sehr dankbar sein würde?

Dieser lateinische Konj. Plusquamperfekt wird im Deutschen nur mit dem Ind. Präs. bzw. Konj. Impf. wiedergegeben.

3.2 Konjunktionen der Komparativsätze

3.2.1 Korrelativa

tantus – quantus	so groß – wie
talis – qualis	so beschaffen – wie
tot – quot	so viele – wie
quo – eo (hoc) quanto – tanto	je – desto
idem – qui (atque)	derselbe – wie
non tam – quam	nicht so sehr – als vielmehr

3.2.2 Vergleichskonjunktionen

(sic-)ut – ita (sic) **quemadmodum – sic (ita)** quomodo – sic tam – quam		wie – so
quasi **tamquam** velutsi utsi	*Konj.* *Konj.* *Konj.* *Konj.*	so als ob; wie wenn

Zu beachten:

3.2.3 *Ut* wird häufig ohne das entsprechende *sic/ita* verwendet, vor allem bei kurzen vergleichenden oder nur erklärenden Einschüben:

ut aiunt	wie man sagt
ut dixi	wie gesagt
ut opinor	wie ich glaube

3.2.4 *Quasi/tamquam/velut (gleichsam als ob)* steht zuweilen auch (in verkürzten Sätzen) bei Partizipien. Vgl.:

Sapientis est nihil ita exspectare **quasi** certo **futurum**.	Ein Zeichen von Weisheit ist es, nichts so zu erwarten, **als würde es** mit Sicherheit **kommen**.

4 Objekt- und Subjektsätze (I)

1. Die Substitution von Objekt oder Subjekt durch einen Begehrenssatz oder einen konjunktivischen Aussagesatz

Im Lateinischen kann die Funktion des Objekts oder Subjekts von einem Gliedsatz übernommen werden; sehr häufig werden das Objekt oder Subjekt von einem Begehrenssatz oder einem konjunktivischen Aussagesatz vertreten. Das Deutsche weist hier strukturelle Identität auf; doch stehen auch andere Mittel der Wiedergabe zur Verfügung: ein verkürzter Infinitivsatz oder – seltener – eine Substantivverbindung. Vgl. folgende Sätze:

1.1 Gliedsatz als Objekt

Lateinisch	Deutsch	Übersetzung mit
Postulo a te, **ut statim nobiscum Romam redeas.**	Ich fordere von Dir, **daß du sofort mit uns nach Rom zurückkehrst.**	*Gliedsatz*
	. . . sofort mit uns nach Rom zurückzukehren.	*Infinitivsatz*
	. . . die sofortige Rückkehr mit uns nach Rom.	*Substantivverbindung*

1.2 Gliedsatz als Subjekt

Lateinisch	Deutsch	Übersetzung mit
Fieri non iam potuit, **ut statim vobiscum Romam redirem.**	Es war nicht mehr möglich, **daß ich sofort mit euch nach Rom zurückkehrte.**	*Gliedsatz*
	. . . sofort mit euch nach Rom zurückzukehren.	*Infinitivsatz*
	. . . die sofortige Rückkehr mit euch nach Rom.	*Substantivverbindung*

2. Die verschiedenen Objekt- und Subjektsätze mit Konjunktiv

Die Objekt- und Subjektsätze sind jeweils von verschiedenen Verbgruppen abhängig; sie werden von verschiedenen Konjunktionen eingeleitet. Der Modus ist immer der Konjunktiv. In diesen Gliedsätzen wird nämlich immer etwas ausgedrückt, was sein *kann* oder sein *soll*. Je nach der Form des Prädikats (Aktiv/Passiv/unpersönliche Ausdrucksweise) im übergeordneten Satz ist der abhängige Gliedsatz bald Objektsatz, bald Subjektsatz.

2.1 Nach den Verben des Begehrens

Konjunktionen: **ut – daß**
ne – daß nicht

orare	bitten
postulare rogare petere	fordern
hortari monere	mahnen
(pro)videre	dafür sorgen; vorsehen
curare	sich bemühen
operam dare	sich Mühe geben
niti	sich anstrengen; bemühen
id agere	darauf hinarbeiten
perficere	durchsetzen
impellere	veranlassen
imperare	befehlen
suadere	raten

Zu beachten:

2.1.1 Diese Verben enthalten in ihrer Wortbedeutung einen finalen Sinn; der Gliedsatz ergänzt nur den finalen Inhalt des Verbums; deshalb die deutsche Wiedergabe:

ut – daß; ne – daß nicht

2.1.2 Zuweilen wird der finale Sinn des verneinten Gliedsatzes verstärkt ausgedrückt durch:

ut ne – daß ja nicht

2.2 Nach den Verben des Fürchtens

Konjunktionen: **ne** – **daß**
ne non / **ut** } – **daß nicht**

timere, **vereri**, **metuere**	fürchten
periculum est	es besteht Gefahr

Zu beachten:

2.2.1 Bei kurzen Sätzen kann nach den Verben des Fürchtens **ne** ausgelassen sein (Ellipse).

2.2.2 Nach *cavere sich hüten* ist **ne** in der Regel ausgelassen. Vgl.:

Cave cadas! Hüte dich, zu fallen!

2.3 Nach den Verben des Hinderns

Konjunktion: **quominus**[1] – **daß**
(ne)

impedire, deterrere, obsistere, obstare	hindern, verwehren

2.4 Nach den negierten Verben und Ausdrücken des Zweifelns

Konjunktion: **quin**[2] – **daß**

non dubitare	nicht zweifeln
dubium non est	es besteht kein Zweifel

---

[1] *quominus* < *quo minus:* wodurch weniger, wodurch nicht
[2] *quin* < *quī-ne?:* wie nicht? warum nicht?

2.4.1 *Zu beachten:*

Die Nachzeitigkeit wird in einem Satz mit *quin* durch die Form *–urus sim/essem* ausgedrückt (vgl. K. 1: 1.2.2, S. 93 f.).

Non erat mihi dubium, quin te Tarenti vis**urus essem.**	Es bestand für mich kein Zweifel, daß ich dich in Tarent sehen **werde.**

2.5 Nach nicht näher bestimmten Ausdrücken des Geschehens

Konjunktionen: **ut** – **daß**
ut non – **daß nicht**

accidit	es ereignet sich
evenit	es ereignet sich; es trifft sich
contingit	es gelingt; es glückt
fit	es geschieht; es ist der Fall
qui fit, ut . . . ?	wie kommt es, daß . . . ?

2.5.1 *Zu beachten:*

necesse est	es ist notwendig
oportet	es ist nötig; es gehört sich

Nach diesen unpersönlichen Ausdrücken fehlt in der Regel die Konjunktion *ut.*

Vgl.:

Beneficium acceptum colamus oportet.	Es gehört sich, eine empfangene Wohltat zu schätzen.

5 Objekt- und Subjektsätze (II)

1. Die Substitution von Objekt und Subjekt durch Sätze mit faktischem quod oder durch indirekte Fragesätze

Die Funktion des Objekts und Subjekts kann auch von Sätzen mit faktischem *quod* und von indirekten Fragesätzen übernommen werden. Im Deutschen ist dafür ebenfalls ein Gliedsatz zuständig; gelegentlich bietet sich die Übersetzung mit einer Substantivverbindung an.

Vgl. folgende Sätze:

1.1 Gliedsatz als Objekt

Lateinisch	Deutsch	Übersetzung mit
Multi Catilinae crimini dederunt, **quod rei publicae vim attulerat.**	Viele machten Catilina zum Vorwurf, **daß er dem Staat Gewalt angetan hatte.**	*Gliedsatz*
	. . . das gewaltsame Vorgehen gegen den Staat.	*Substantivverbindung*

1.2 Gliedsatz als Subjekt

Lateinisch	Deutsch	Übersetzung mit
Quaesitum est, **quot Catilinae coniurationi interfuissent.**	Es wurde eine Untersuchung angestellt, **wie viele an der Verschwörung Catilinas beteiligt gewesen waren.**	*Gliedsatz*
	. . . über die Zahl der Teilnehmer an der catilinarischen Verschwörung.	*Substantivverbindung*

1.3 *Zu beachten:*

In der deutschen Übersetzung kann vor den Gliedsatz gelegentlich ein präzisierendes Substantiv gestellt werden:

quod	der Umstand, daß; die Tatsache, daß
indirekter Fragesatz	die Frage, ob

Vgl.:

Quod rursus sero veneras, moleste ferebamus.	**Die Tatsache, daß** du schon wieder zu spät gekommen warst, hat uns sehr verärgert.
Incertum est, fato**ne** res mortalium regantur an forte.	**Die Frage, ob** durch das Schicksal die Geschicke der Sterblichen gelenkt werden oder durch den Zufall, ist ungeklärt.

2. Sätze mit faktischem quod

Der Modus ist in der Regel der Indikativ. In Sätzen mit faktischem *quod* sind Tatsachen als Gründe (Ursachen) für Gefühle, Stimmungen, Urteile u.ä. ausgedrückt.

2.1 Nach den Verben des Affekts

Konjunktion: **quod – daß**

moleste/aegre ferre	schwer tragen; verärgert sein
queri	klagen
mirari	sich wundern
crimini dare	zum Vorwurf machen
gratiam habere	dankbar sein

2.2 Nach festen unpersönlichen Wortverbindungen

Konjunktion: **quod – daß**

bene accidit	es trifft sich gut
perincommode evenit	es kommt sehr ungelegen
(causa) **non est**, quod / nihil causae est, quod	es besteht kein Grund, daß
quid est, quod ...?	was ist der Grund, daß ...?
accedit, quod	es kommt hinzu, daß
eo magis, quod	um so mehr, als

Zu beachten:

2.2.1 Zuweilen ist der *quod*-Satz die Erklärung für ein vorausgehendes Demonstrativpronomen *(quod explicativum)*:

illud/hoc/id, quod	jene/diese Tatsache, daß
ex eo, quod	daraus, daß

2.2.2 Das faktische *quod* am Satzanfang wird gewöhnlich mit ‚*wenn*' übersetzt; vgl.:

Quod mihi de nuptiis filiae gratularis, agnosco humanitatem tuam.	**Wenn** du mich zur Hochzeit meiner Tochter beglückwünschst, so erkenne ich darin deine freundliche Gesinnung.

2.2.3 Der Konjunktiv steht in Sätzen mit faktischem *quod*, wenn ‚innerliche Abhängigkeit' vorherrscht, d.h. wenn sich ihr Inhalt als eine Äußerung oder ein Gedanke des Subjekts des übergeordneten Satzes darstellt; er läßt sich in der deutschen Übersetzung kaum berücksichtigen.

2.2.4 *Zu merken:*

non quod (quo) *mit Konj.*	nicht als ob
– sed (quod)	– sondern (weil)

Der Konjunktiv – als Modus der Vorstellung – steht hier, weil nur ein fiktiver (abgelehnter) Grund erfaßt ist.

3. Indirekte Fragesätze

Der Modus ist der Konjunktiv.

3.1 Indirekte Wortfragen (Ergänzungsfragen)

Indirekte Wortfragen (Ergänzungsfragen) werden durch Fragewörter eingeleitet. Die häufigsten Fragewörter sind:

quis	wer	ubi	wo
quid	was	unde	woher
qui/quae/quod (adjektivisch)	welcher/welche/welches	quo	wohin
qualis, **-e**	wie beschaffen	quam	wie
quantus, **-a**, **-um**	wie groß	ut	wie
quantum	wie viel	quomodo	wie
		quemadmodum	wie
		cur	warum
		quare	warum
		quid	warum; wozu

Zu merken:

3.1.1	non habeo, cur	ich habe keinen Grund, daß
	nescio, quomodo	ich weiß nicht, wie (irgendwie)
3.1.2	quisnam	wer denn
	quidnam	was denn

3.2 **Indirekte Satzfragen (Entscheidungsfragen)**

Indirekte Satzfragen (Entscheidungsfragen) werden durch Fragepartikeln eingeleitet.

Die wichtigsten Fragepartikeln sind:

num —ne	ob (ob nicht)
nonne	ob nicht
an	ob nicht (bei den Verben des Nichtwissens und Zweifelns)
si	ob (bei den Verben des Wartens und Versuchens)
utrum – an —ne – an —— – an	ob – oder (Doppelfragen/Alternativfragen)

3.2.1 *Zu merken:*

haud scio, an (ich weiß nicht, ob nicht) vielleicht

Zu beachten:

3.2.2 Die Zeitangabe in indirekten Fragesätzen richtet sich streng nach den Regeln der Zeitenfolge (vgl. K 1: 1.2.2, S. 93f.).

Die Nachzeitigkeit wird durch die Form *-urus sim/essem* ausgedrückt. Vgl.:

Diu incertum erat, num Cicero Romam revers**urus esset**.	Lange war es unklar, ob Cicero nach Rom zurückkehren **würde**.

3.2.3 Zuweilen ist der indirekte Fragesatz mit einer anderen Konstruktion (zumeist AcI) „*verschränkt*".[1] Vgl.:

Interrogavi eum, quidnam vellet domum renuntiari.	Ich fragte ihn, (von was er denn wolle, daß es nach Hause berichtet würde) was seinem Wunsche entsprechend nach Hause berichtet werden sollte.

[1] Zum Phänomen der „Verschränkung" s. K. 6: 3.1, S. 121f.

6 Relativsätze (I)

1. Die Relativsätze in der Funktion des Attributs

Die Relativsätze erfüllen im Lateinischen am häufigsten die Funktion des Attributs. Sie sind einem Satzglied als nähere qualifizierende Bestimmung ‚beigefügt'. Man nennt sie in dieser Funktion deshalb auch **Attributsätze.** Der Modus im Attributsatz ist der **Indikativ**. Der Attributsatz ist dann Primärkonstruktion, wenn die nähere Bestimmung, die zu einem Satzglied gemacht wird, durch mehrere Angaben erweitert ist.

Vgl.:

① **Vergilius** poeta **Romanus** summa laude dignus erat.	Der **römische** Dichter **Vergil** verdiente höchste Anerkennung.
② **Vergilius** poeta, **cuius carminibus homines valde delectabantur**, summa laude dignus erat.	Der Dichter **Vergil**, **an dessen Gedichten die Menschen große Freude hatten**, verdiente höchste Anerkennung.

In ① sind zwei einfache Attribute gesetzt: Eigenname – Adjektiv.
In ② sind ein einfaches und ein erweitertes Attribut gesetzt: Eigenname – Attributsatz.
Die lateinische und deutsche Struktur unterscheiden sich hier nicht. Die Übersetzung bietet hier keine Schwierigkeiten.

2. Die Relativsätze mit adverbialem Nebensinn

Relativsätze bestimmen oft ein Satzglied nicht nur näher, sondern enthalten eine zusätzliche adverbiale Angabe; sie drücken einen Grund, eine Absicht, eine Folge oder Einschränkung des im übergeordneten Satz dargestellten Vorgangs aus. Der Modus im Relativsatz mit adverbialem Nebensinn ist der **Konjunktiv.**
Am Beispiel eines Relativsatzes mit kausalem Nebensinn soll diese Erscheinung zunächst verdeutlicht werden:

Vergilius poeta, qui Aeneida multo et assiduo labore compos**uisset**, summa laude dignus erat.	Der Dichter Vergil, der (**ja**/**doch**) die Aeneis in mühevoller und langdauernder Arbeit geschaffen hatte, verdiente höchste Anerkennung.

Der Relativsatz bestimmt das Subjekt näher, außerdem enthält er eine **Begründung** des Prädikatsvorgangs.

In dieser Verwendung sind die Relativsätze nur zweit- oder gar drittrangig. Da sich aber im Lateinischen und Deutschen merkliche strukturelle Unterschiede zeigen, seien diese Relativsätze im folgenden näher aufgeführt.

2.1 Relativsätze mit kausalem Nebensinn

Cur tibi invideam, qui omnibus rebus abund**em**?	Warum sollte ich dich beneiden, der ich **ja** / **doch** an allem Überfluß habe?

Der lateinische Konjunktiv läßt sich im Deutschen durch die Partikel *ja/doch* berücksichtigen; eine Umsetzung des Relativsatzes in einen Kausalsatz ist möglich, also: ... *da ich ja an allem Überfluß habe.*

2.1.1 *Zu beachten:*

Der kausale Nebensinn des Relativsatzes wird manchmal durch die Partikel **quippe** / **ut** verdeutlicht; also *quippe / ut qui ... abundem.*

2.2 Relativsätze mit finalem Nebensinn

① Veientes legatos miserunt, qui pacem pet**erent**.	Die Britannen schickten Gesandte, die um Frieden bitten **sollten**.
② Darius pontem fecit, quo copias traduc**eret**.	Darius baute eine Brücke, **um auf dieser** / **darauf** die Truppen **überzusetzen**.

Der lateinische Konjunktiv ist hier im Deutschen mit dem Hilfszeitwort *sollen* erfaßbar ①. In bestimmten Fällen ist der Relativsatz in einen Finalsatz umzusetzen; dabei wird das Relativpronomen zu einem Demonstrativum ②.

2.3 Relativsätze mit konsekutivem Nebensinn

① Non is sum, qui mortis periculo terre**ar**.	Ich bin kein solcher, der durch Todesgefahr erschreckt werden **könnte**.
② Nihil est tam incredibile, quod non dicendo fi**at** probabile.	Nichts ist so unglaubwürdig, das nicht durch Reden wahrscheinlich gemacht werden **könnte**.

Der lateinische Konjunktiv ist hier im Deutschen am ehesten mit dem Hilfszeitwort *können* ① ② zu erfassen. Der Relativsatz läßt sich häufig auch mit einem Konsekutivsatz wiedergeben; also:

① *ich bin nicht so, daß ich . . .*

② *nichts ist so unglaubwürdig, daß es nicht . . .*

2.3.1 *Zu merken:*

Bei den folgenden Wendungen kann der lateinische Konjunktiv im Deutschen nicht berücksichtigt werden:

(multi) sunt, qui . . .	es gibt (viele) Leute, die . . .
non desunt, qui . . .	es fehlt nicht an Leuten, die . . .
nemo invenitur, qui . . .	es läßt sich niemand finden, der . . .

Zu beachten:

2.3.2 Der konsekutive Relativsatz nach *dignum esse (würdig sein, verdienen)* **muß** im Deutschen in eine Infinitiv- oder daß-Satz-Konstruktion umgesetzt werden.

Vgl.:

Socordia tua digna est, **quae** reprehend**atur**.	Deine Sorglosigkeit verdient es, **daß sie** getadelt wird / verdient, getadelt **zu werden**.

2.3.3 Bei den folgenden Wendungen verlangt der lateinische Relativsatz im Deutschen eine besondere Wiedergabe:

non est, quod . . .	es besteht kein Grund, daß . . .
non habeo, quod . . .	ich habe keinen Grund, daß . . .

2.4 Relativsätze mit restringierendem Nebensinn

Gelegentlich drückt der Relativsatz zusätzlich eine **Einschränkung** aus; folgende Wendungen begegnen häufiger:

quod (quidem) sciam	soviel ich weiß
quod meminerim	soweit ich mich erinnere

2.5 *Allgemein zu beachten:*

Nicht immer deutet der Konjunktiv im Relativsatz einen adverbialen Nebensinn an. Der Konjunktiv kann auch durch Modusattraktion oder ‚innerliche Abhängigkeit‘ (bei Infinitivkonstruktion) bedingt sein.

3. „Verschränkte“ Relativsätze

3.1 Das Phänomen der „Verschränkung“:

Der Relativsatz kann mit anderen (zum Teil nur dem Lateinischen eigenen Konstruktionen) eine enge Verbindung eingehen; dabei sind einzelne syntaktische Elemente ineinander geschoben oder, wie man sagt, ineinander „verschränkt“.

3.1.1 Diese „Verschränkung“ ist sehr häufig dadurch zustandegekommen, daß die gesamte strukturelle Anlage des Relativsatzes (einschließlich des Relativpronomens) von Konstruktionen bestimmt ist, die innerhalb des Relativsatzes stehen (z.B. AcI, NcI).

Vgl.

① Cicero, qui praestantissimus orator fuit, . . . *(normaler Relativsatz)*

② Cicero, quem praestantissimum oratorem fuisse constat, . . .
(in AcI „verschränkter“ Relativsatz)

In ② ist die strukturelle Anlage des Relativsatzes, weil von *constat* abhängig geworden, in den AcI gesetzt; da das Relativpronomen Subjekt des Relativsatzes ist, erscheint es im AcI als Subjektsakkusativ.

Im Schema:

①
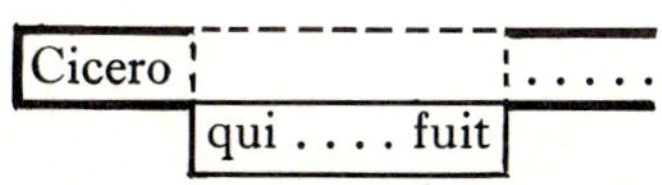

②
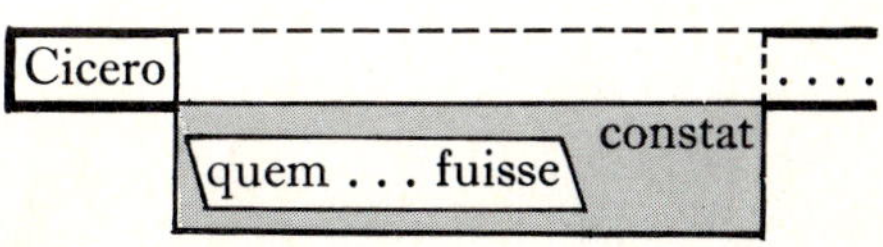

3.1.2 Die „Verschränkung“ ist zuweilen auch dadurch erfolgt, daß lediglich das Relativpronomen zu einem Satzglied oder Strukturelement von Konstruktionen geworden ist, die innerhalb des Relativsatzes stehen (z.B. Nebensatz, Partizipialkonstruktion, Abl. comparationis).

Vgl.

① Bonum, quod homines beatos reddit, . . . *(normaler Relativsatz)*

② Bonum, quo qui potitur, beatus est, . . . *(in GS „verschränkter“ Relativsatz)*

In ② ist das Relativpronomen Satzglied des GS; es ist das Ablativobjekt zu *potitur*. Es steht deshalb außerhalb des GS an der Spitze des Relativsatzes, da es die Beziehung zum Bezugswort *bonum* herzustellen hat.

Im Schema:

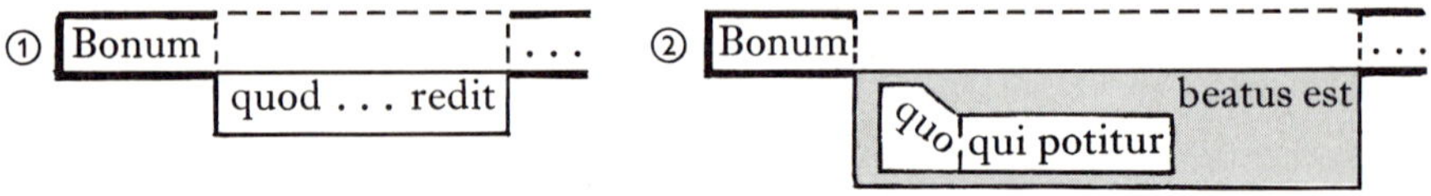

Die durch eine derartige „Verschränkung“ bedingte Straffheit und Kompaktheit des Satzgefüges läßt sich im Deutschen nicht nachgestalten. Übersetzen ist in solchen Fällen immer ein strukturelles Umsetzen, wobei sich oft nur behelfsmäßige Lösungen anbieten.

3.2 Die einzelnen Arten der „Verschränkung“ des Relativsatzes

3.2.1 „Verschränkung“ in den AcI/NcI

Legimus orationem Ciceronis,

① quem praestantissimum oratorem fuisse constat/scimus.

② qui praestantissimus orator fuisse existimatur.

Auflösungsmöglichkeiten:

Wir lasen eine Rede Ciceros,

① von dem feststeht/ wir wissen, ② von dem man glaubt,	daß er ein hervorragender Redner gewesen ist.	I.: Hilfsstruktur
① der, wie feststeht, wie wir wissen, ② der, wie man glaubt,	ein hervorragender Redner gewesen ist.	II.: Parenthese
① der bekanntlich/ unseres Wissens ② ———————	ein hervorragender Redner gewesen ist.	III.: adverbialer Ausdruck
① ——————— ② der nach allgemeiner Ansicht	ein hervorragender Redner gewesen ist.	IV.: Präpositionalgefüge

Arbeitsschritte:

Es empfiehlt sich, in einem ersten Arbeitsschritt immer zunächst die Hilfsstruktur (I.) herzustellen; dann ist in einem zweiten Arbeitsschritt innerhalb der Auflösungsmöglichkeiten (II.–IV.) nach der stilistisch besten Lösung zu suchen.

Zu beachten:

Das Relativpronomen ist nicht immer das Subjekt des AcI bzw. NcI.

Vgl.:

Legimus orationem Ciceronis, **cui** Romanos summam laudem tribuisse scimus.	Wir lasen eine Rede Ciceros, (von dem wir wissen, daß ihm . . .) **dem**, wie wir wissen, die Römer sehr hohe Anerkennung zuteil werden ließen.

3.2.2 „Verschränkung" mit einer Partizipialkonstruktion

Imaginem mihi ostendisti,
quam intuens arte illius pictoris vehementer commotus sum.

		Auflösungsmöglichkeiten:
Du hast mir ein Bild gezeigt,		
(das betrachtend)	ich sehr von der Kunst jenes Malers beeindruckt wurde.	I.: Hilfsstruktur
(bei dem, als ich es betrachtete,)		
bei dessen Betrachtung		II.: Präpositionalgefüge (Substantivausdruck)
Quis non colat pietatem, qua sublata omnis tollatur humanitas?		
Wer hält wohl die Ehrfurcht nicht hoch,		
(bei der, wenn sie aufgegeben wird,)	alle Menschlichkeit verloren geht?	I.: Hilfsstruktur
durch/bei deren Preisgabe		II.: Präpositionalgefüge (Substantivausdruck)

Arbeitsschritte:

Es empfiehlt sich nach Herstellung der Hilfsstruktur (I.) im zweiten Arbeitsschritt den Inhalt des Partizips zu substantivieren und dann ein Präpositionalgefüge zu schaffen, das dem Sinn der lateinischen Konstruktion entspricht; in diesem wird dann das Relativpronomen zu einem Genitivattribut (II.).

3.2.3 „Verschränkung" mit einem Gliedsatz

Veteres Alexandrum admirabantur,
cuius si vita longior fuisset, totum orbem terrarum subegisset.
(> qui, si vita eius)

Die Alten bewunderten Alexander, **der, wenn sein Leben länger gedauert hätte,** **den ganzen Erdkreis unterworfen hätte.**	*Auflösungsmöglichkeit:* Umbau der lateinischen Konstruktion

Arbeitsschritte:

Das Relativpronomen ist ein Strukturelement des im Relativsatz stehenden Gliedsatzes, nämlich Genitivattribut zu *vita*. Bei der Analyse ist im ersten Arbeitsschritt zunächst festzustellen, welche Funktion die im Relativpronomen erfaßte Person oder Sache im Relativsatz hat (hier: Subjekt); dann ist die lateinische Konstruktion entsprechend umzubauen (hier: Relativpronomen zum Nominativ, Genitiv eines zu bildenden Demonstrativpronomens in den Gliedsatz; also: *qui, si vita eius* . . .).

Id solum bonum est,
quo qui potitur, necesse est beatus sit.

Das allein ist ein Gut, (bei dem der, der sich dessen bemächtigt, glücklich sein muß) **das den, der sich seiner bemächtigt,** **unbedingt glücklich sein läßt.**	*Auflösungsmöglichkeiten:* I.: Hilfsstruktur II.: freie Wiedergabe

Arbeitsschritte:

Die im ersten Arbeitsschritt hergestellte Hilfsstruktur (I.) macht den Sinn des Satzgefüges deutlich. Im zweiten Arbeitsschritt muß eine freiere, der deutschen Ausdrucksweise angemessene Lösung gesucht werden (II.). Diese wird von Fall zu Fall anders sein; feste Regeln lassen sich dafür nicht aufstellen.

3.2.4 „Verschränkung" mit einem Ablativus comparationis

Animi virtutes ex ratione gignuntur,
qua nihil est in homine divinius.

Die geistigen Vorzüge erwachsen aus der Vernunft,	*Auflösungsmöglichkeiten:*
(im Vergleich mit der nichts im Menschen göttlicher ist)	I.: Hilfsstruktur
dem Göttlichsten, was es im Menschen gibt.	II.: freie Wiedergabe mit Superlativ

Arbeitsschritte:

Das Relativpronomen ist hier in einen Vergleich „hineinverschränkt" (unabhängig etwa: *nihil divinius est quam ea*). Nach der Herstellung der Hilfsstruktur (I.) läßt sich eine sinnentsprechende deutsche Struktur dadurch gewinnen, daß man den Komparativ als Superlativ vor den Relativsatz setzt und in diesem das negierende Wort nicht berücksichtigt (II.).

3.2.5 *Allgemein zu beachten:*

Die Hilfsübersetzungen, die man jeweils zur Struktur- und Sinnerfassung verschränkter Relativsätze in einem ersten Arbeitsschritt (I.) herstellt, dürfen nicht die endgültige Übersetzung sein; sie sind der deutschen Satzbauweise nicht gemäß. In einem zweiten Arbeitsschritt muß jeweils eine sinnentsprechende, der deutschen Struktur angemessene (oftmals freiere) Übersetzung gesucht werden (II.).

7 Relativsätze (II)

1. Der Relativsatz in der Funktion eines Satzgliedes

Der Relativsatz ist nicht immer nur Attributsatz; er kann sich aus seiner unselbständigen syntaktischen Funktion lösen und zu einem selbständigen Satzglied werden. Diese Erscheinung soll zunächst im Deutschen an den folgenden Beispielsätzen aufgezeigt werden:

I. ① Der Mensch, der wagt, gewinnt.
② Wer wagt, gewinnt.

II. ① Ich verachte das, was schändlich ist.
② Ich verachte, was schändlich ist.

III. ① An der Stelle, an der (wo) früher Wiesen waren, stehen jetzt Häuser.
② Wo früher Wiesen waren, stehen jetzt Häuser.

In den jeweils an zweiter Stelle ② angegebenen Sätzen ist das Bezugswort des Relativsatzes, das durch diesen näher bestimmt wird, weggelassen. Der Relativsatz ist selbständig geworden; er hat im Satz die Funktion des Subjekts (I.), des Objekts (II.) oder des Adverbiales (III.) übernommen.
Da er zudem an die Satzspitze (I., III.) oder an das Satzende (II.) gestellt ist, erhält er eine starke Betonung; denn hier liegen die Nachdruckstellen des Satzes.
Es ist deutlich: Durch diese Verkürzung wird das Satzgefüge gestrafft und die Aussage gewinnt an Prägnanz.

2. Relativsätze als Satzglieder im Lateinischen

Im Lateinischen sind die Relativsätze häufiger als im Deutschen selbständige Satzglieder; sie vertreten sehr oft das Subjekt, Objekt oder Adverbiale im Satz.

2.1 Relativsätze ohne demonstratives Bezugswort

2.1.1 Der Relativsatz in der Funktion des Subjekts

① **Qui deum amat,** virtutem amat.	**Wer Gott liebt,** liebt die Tugend.
② Virtutem amat, **qui deum amat.**	Die Tugend liebt, **wer Gott liebt.**

Der Relativsatz in der Funktion des Subjekts zeigt im Lateinischen und Deutschen keinen strukturellen Unterschied; in beiden Sprachen kann der selbständige Relativsatz am Anfang ① oder am Ende ② stehen. Als Übersetzungshilfe empfiehlt sich, wenn nötig, vor dem Relativsatz ein demonstratives Bezugswort zu ergänzen (etwa: *is*, *qui . . .*).

2.1.2 Der Relativsatz in der Funktion des Objekts

① **Quod turpe est,** contemnere debemus.	**Was verwerflich ist,** müssen wir verachten.
② Mercedem do, **qui monstrat mihi illum hominem.**	Eine Belohnung gebe ich **dem, der mir jenen Menschen zeigt.**

In der Funktion des Objekts vertritt der Relativsatz zumeist das Akkusativobjekt ①. Zwischen dem Lateinischen und Deutschen besteht hier kein struktureller Unterschied.
Gelegentlich vertritt der Relativsatz im Lateinischen ein Dativobjekt ②; dies läßt sich im Deutschen nicht unmittelbar nachgestalten; es muß das Demonstrativum als Bezugswort (hier: *ei*, *qui* – *dem*, *der*) vor den Relativsatz gesetzt werden.

2.1.3 Der Relativsatz in der Funktion des Adverbiale

Patria est, **ubi(-cumque) est bene.**	Mein Vaterland ist, **wo (immer) es mir gut geht.**

Das Pronominaladverb *ubi* (selten: *quo*, *unde*) ersetzt häufig bei Lokalangaben das Relativpronomen; etwa: *locus*, *in quo* – *locus*, *ubi;* deshalb lassen sich die damit eingeleiteten Lokalsätze zu den Relativsätzen zählen.
Wenn diese im Hauptsatz kein Bezugswort haben, dann sind sie ein selbständiges Satzglied; sie vertreten im Satz das Adverbiale.

2.1.4 *Allgemein zu beachten:*

Verallgemeinernde Relativsätze haben im Lateinischen zumeist kein Bezugswort im HS. Im Deutschen sind zwei gleichwertige Lösungen möglich:

quisquis quicumque	jeder, der / wer auch immer
quicquid quidcumque	alles, was / was auch immer

Quidquid ortum est, aliquando intereat necesse est.	**Was auch immer (alles, was)** entstanden ist, muß einmal zugrunde gehen.

2.2 Relativsätze mit nachgestelltem demonstrativen Bezugswort

① Quod virtute effici debet, **id** haud raro tentatur pecunia.	Was man durch Leistung zustande bringen soll, **das** versucht man nicht selten mit Geld zu erreichen.
② Quae sunt dubia, **ea** relinquere incerta non oportet.	Was zweifelhaft ist, **das** darf man nicht ungeklärt lassen.

Den Relativsätzen in ① und ② ist durch ihre hervorgehobene Stellung am Satzanfang deutlich die Funktion eines selbständigen Satzgliedes zugewiesen.
In ① vertritt der Relativsatz das Subjekt, in ② das Akkusativobjekt. Dabei ist jeweils unmittelbar **nach** dem Relativsatz ein die Struktur verdeutlichendes **demonstratives Bezugswort** hinzugesetzt (*id* in ①, *ea* in ②).

2.2.1 *Zu beachten:*

Die demonstrativen Bezugswörter können, da sie als zusätzliche syntaktische Stütze gesetzt sind, auch weggelassen sein. Die Selbständigkeit des Relativsatzes ist dadurch zwar eingeschränkt, aber nicht aufgehoben.[1]
Die deutsche Sprache kennt diese Eigenheit auch (vgl. „Wem Gott ein Amt gibt, dem gibt er auch Verstand.“); allerdings begegnet sie hier seltener.
Es empfiehlt sich, bei der Analyse der lateinischen Struktur gegebenenfalls zunächst das Demonstrativum vor den Relativsatz zu stellen.

---

[1] In der deutschen Syntax gelten sogar Relativsätze mit vorangestelltem Demonstrativum (etwa: „Er entbehrte all dessen, was man nun unbedingt zum Leben braucht.“) als selbständig in der Rolle eines Satzgliedes. Vgl. Duden-Grammatik 6200, S. 557.

8 Relativsätze (III)

1. Besondere Stellung des Bezugswortes des Relativsatzes

Die Kompaktheit und Straffheit des lateinischen Satzbaus wird besonders an einigen Eigenheiten der Relativsätze erkennbar; durch die besondere Stellung des Bezugswortes wird eine *enge Verklammerung* zwischen Relativsatz und übergeordnetem Satz erreicht.
Die deutsche Sprache hat dafür kein gleichwertiges Strukturmittel; für die Übersetzung bieten sich deshalb nur *Ersatzlösungen* an.

1.1 „Einbettung" des Relativsatzes

Multi a negotiis publicis **eam, quam dico,** **tranquillitatem** expetentes se removent.	Viele ziehen sich im Verlangen **nach der Ruhe, die ich meine,** von den politischen Aufgaben zurück.

Der Relativsatz ist hier zwischen dem Demonstrativpronomen und dem dazugehörigen Substantiv „eingebettet". Auf diese Weise wird der Relativsatz mit seinen Bezugswörtern als eine geschlossene, eng verklammerte Struktureinheit empfunden. Sie stellt als Ganzes ein Satzglied dar; hier: das Akkusativobjekt zu *expetentes*.

Diese Besonderheit ließe sich im Deutschen am ehesten durch die Wiedergabe des Relativsatzes mit einem Partizip Perfekt Passiv angemessen berücksichtigen; etwa: „*im Verlangen nach der von mir gemeinten/angedeuteten Ruhe*". Doch ist dies nicht immer stilistisch erträglich.

1.2 „Hineinziehung" des Substantivs in den Relativsatz

① **Qui viri** antehac invicti fuerunt, *hos* ego vici.	**Diese Männer, die** vorher unbesiegt waren, habe ich besiegt.
② **In quem** primum egressi sunt **locum**, Troia vocatur.	**Der Ort, an dem** sie zuerst an Land gegangen sind, heißt Troja.

Wenn der Relativsatz aus Betonungsgründen an der Satzspitze steht, wird häufig das Substantiv in den Relativsatz „hineingezogen" (Relativ-Attraktion); dabei steht es entweder unmittelbar nach dem Relativpronomen ① oder am Ende des Relativsatzes ②. Ein nachgestelltes Demonstrativum gibt dem Relativsatz im übergeordneten Satz sozusagen eine syntaktische Stütze: vgl. *hos* ①; aber nicht in jedem Fall: vgl. ②.

Im Deutschen läßt sich diese durch die besondere Stellung des Bezugswortes erreichte Straffung des Satzbaus nicht nachgestalten. Die Analyse erfordert hier zunächst einen Umbau der lateinischen Struktur:

1. (Eventuell zu ergänzendes) Demonstrativum vor den Relativsatz stellen (① *hos*, ② *is*)!
2. Substantiv aus dem Relativsatz nehmen und vor diesen im gleichen Fall wie das Demonstrativum stellen (① *hos viros, qui* – ② *is locus, in quem*)!

1.3 Wiederholung des Bezugswortes im Relativsatz

Leges paratae sunt, **quibus legibus** exilium damnatis permissum est.	**Gesetze** sind geschaffen worden, **durch die** den Verurteilten der Ausweg der Verbannung zuerkannt worden ist.

Durch die Wiederholung des Substantivs im Relativsatz wird die Verbindung des Relativsatzes mit dem Bezugswort verstärkt und die Beziehung eindeutig und durchsichtig gemacht. Diese Spracheigenheit wird vielfach in der Rechtssprache angewandt.

Im Deutschen ist diese Ausdrucksweise nicht nachahmbar; das wiederholte Substantiv muß jeweils weggelassen werden.

1.3.1 *Zu beachten:*

Gelegentlich wird ein Allgemeinbegriff zum Relativpronomen gesetzt; auf diese Weise wird im Relativsatz zugleich das Allgemeine mitangegeben, dem sich das zu bestimmende Besondere zuordnen läßt.

Vgl.:

Firmi et constantes **amici** eligendi sunt, **cuius generis** est magna penuria.	Starke und charakterfeste **Freunde** muß man sich auswählen, **eine Gattung von Menschen**, **woran** großer Mangel herrscht.

Im Deutschen muß der Allgemeinbegriff als Apposition vor den Relativsatz gestellt werden.

2. Relativer Satzanschluß

Ein Relativsatz ist mit seinem Bezugswort und damit auch mit dem übergeordneten Satz, in dem das Bezugswort steht, eng verbunden. Diese Möglichkeit zur engen Verbindung dient im Lateinischen auch dazu, zwei selbständige Hauptsätze, die in einem anreihenden, adversativen oder kausalen Verhältnis zueinander stehen, in eine enge Beziehung zu bringen; dies hat zugleich eine Straffung der Struktur zur Folge. Diese Erscheinung heißt „relativer Satzanschluß“. Im Deutschen ist sie nur ganz selten als Stilmittel anzutreffen; vgl. etwa:

„Er sah das Fenster offen; was ihn argwöhnisch machte.“

2.1 Das Relativum als unmittelbares Satzglied des nachfolgenden Satzes

Der zwei Hauptsätze miteinander verbindende relative Satzanschluß ist zumeist so gestaltet, daß das Relativum, das sich auf ein Wort des 1. Satzes bezieht, ein unmittelbares Satzglied des 2. Satzes ist (vgl. in ①: Akk.-Obj.; in ②: Adverbiale).

① Multas ad res perutiles Xenophontis libri sunt; **quos** legite studiose!	Zu vielem sind Xenophons Bücher sehr nützlich; lest **sie** (**diese**) **also** eifrig!
② Oculorum est in nobis sensus acerrimus; **quibus** sapientiam non cernimus.	Die Augen haben bei uns die schärfste Sinneskraft; **und doch** sehen wir **damit** nicht die Weisheit.

Im Schema:

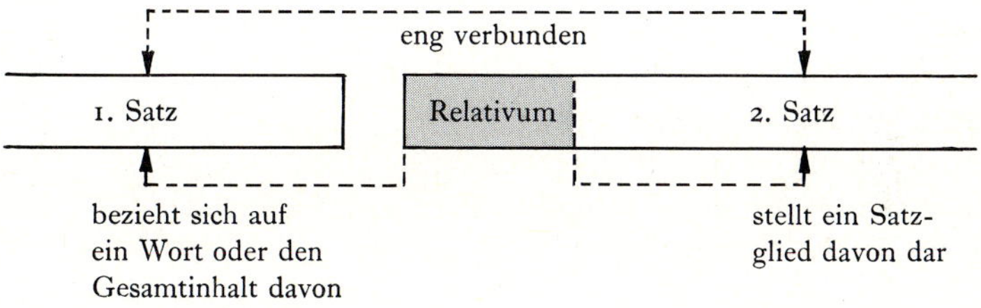

Im Deutschen muß das Relativum zu einem Demonstrativpronomen umgewandelt werden; dabei ist immer darauf zu achten, in welchem inneren Verhältnis die beiden durch relativen Satzanschluß verbundenen Sätze zueinander stehen; dieses Verhältnis ist in den Satzverbindungen jeweils zu berücksichtigen.
Als mögliche Satzverbindungen bieten sich an: *und, aber, doch, also, daher, dennoch.*

Zu beachten:

2.1.1 Es kommt auch vor, daß sich das Relativum nicht auf ein einzelnes Wort, sondern auf den Gesamtinhalt des vorausgehenden Satzes bezieht (es lautet dann zumeist *quod*, seltener *quae res* u.ä.).

2.1.2 Auch die Pronominaladverbien *quo, unde* u.ä. können als relativer Satzanschluß fungieren; sie sind dann in demonstrativer Bedeutung zu übersetzen: **dorthin, von da.**

2.1.3 *Zu merken:*

Folgende Verbindungen begegnen häufig

qua re **quam ob rem** **qua de causa** quocirca quapropter	} daher, deshalb

2.2 Das Relativum als Satzglied eines ‚untergeordneten' Strukturteiles im nachfolgenden Satz

Das satzverbindende Relativum ist nicht selten Satzglied eines ‚untergeordneten' Strukturteiles des nachfolgenden Satzes. Dieser ‚untergeordnete' Strukturteil steht dann zwischen den beiden durch relativen Satzanschluß verbundenen Sätzen.

Es kann dies sein ein **Gliedsatz** (vgl. ①)
oder eine diesem **gleichwertige Konstruktion**:

1. **Partizip-Konstruktion**
   (Ablativ mit Partizip/Abl. abs.: vgl. ②
   oder Participium coniunctum),
2. **Gerundiv-Konstruktion.**

① Appetite virtutem! **Qua** qui praediti sunt, soli sunt divites. – *oder:* **Quam** ubi assecuti estis, divites estis.	Strebt nach Wert und Tüchtigkeit! Diejenigen, die **damit** ausgestattet sind, sind die einzigen Reichen. – Sobald ihr **sie** erlangt habt, seid ihr reich.
② Cole iustitiam! **Qua** sublata res publica potest esse numquam.	Halte die Gerechtigkeit hoch! Wenn **diese** (**sie**) zerstört ist, kann ein Staat niemals bestehen (③ *auch:* Im Falle **ihrer** Zerstörung...).

Da das Relativum das Verbindungswort zwischen den beiden Sätzen ist, steht es immer an der Spitze, bei einem Gliedsatz also vor der Konjunktion.

Im Schema:

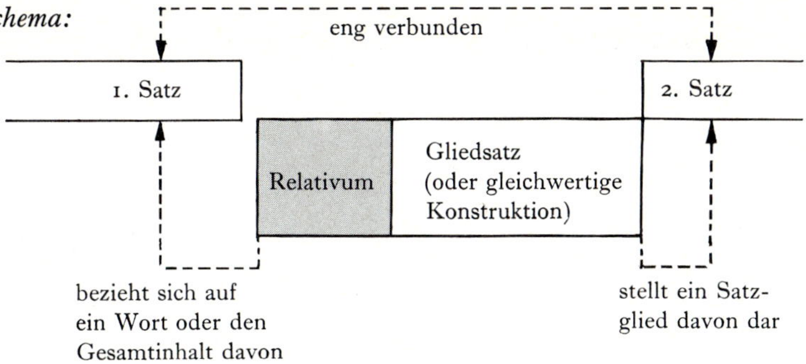

In der deutschen Sprache läßt sich dies nicht nachgestalten; die Struktur ist umzuändern: Zunächst muß das Relativum in ein Demonstrativum umgesetzt werden; dieses ist dann auf die ihm zukommende syntaktische Position zu stellen, also in den Gliedsatz hinein (vgl. ①).
Wird die Partizipialkonstruktion mit einem Gliedsatz wiedergegeben, so ist das Demonstrativum ebenfalls in diesen zu ziehen (vgl. ②). Bei Wiedergabe mit einem Präpositionalgefüge tritt das Demonstrativum in der Regel als Genitivattribut zu dem aus dem Partizip geschaffenen Substantiv (vgl. ③).

2.2.1 Folgende Verbindungen begegnen häufig:

Quae dum geruntur, ...	Während dies geschah, ... Während dieser Ereignisse ...
Quae cum ita sint, ...	Da dem so ist, ... Unter diesen Umständen ... Aus diesen Gründen ...
Qua re cognita ...	Nachdem dies bekannt geworden war, ... Nach Bekanntwerden dieser Tatsache ...
Quibus rebus gestis ...	Nachdem diese Maßnahmen vollzogen waren, ... Nach Vollzug dieser Maßnahmen ...

2.3 *Allgemein zu beachten:*

Zuweilen fällt die Identifizierung eines Relativums als relativer Satzanschluß schwer; als ein Merkmal (unter anderen) mag gelten, daß bei einem relativen Satzanschluß keine weiteren Verbindungswörter wie *enim*, *autem*, *vero*, *igitur* stehen; es handelt sich ja um alte Relativsätze, in denen derartige Konjunktionen nicht stehen können.

9 Infinitiv (I)

1. Die Bedeutung und Verwendung des Infinitivs im Lateinischen

1.1 Der Infinitiv gehört zu den Konstruktionen, die die lateinische Satzstruktur vorherrschend bestimmen. Der Infinitiv kann die Funktion des Subjekts, Objekts, des Prädikatsnomens und – in seiner substantivierten Form (vgl. Gerundium K. 15, S. 160f.) – auch des Adverbiales und Attributs übernehmen.

Seine **verbale Natur** zeigt sich

1. in der Bildung von **drei Zeitstufen**
   (z. B. venire – venisse – venturum esse),
2. in der Beibehaltung der **Kasusrektion**
   (z. B. amicis auxilio venire),
3. in der näheren Bestimmung durch **Adverb** und/oder **Präpositionalgefüge**
   (z. B. brevi/sub vesperum amicis auxilio venire).

In dieser syntaktischen Verwendung des Infinitivs stimmen das Lateinische und Deutsche weitgehend überein.

1.2 Der Infinitiv kann im Lateinischen aber – in bestimmten Fällen – auch ein **eigenes Subjekt** haben; dieses steht dann im **Akkusativ**: **Subjektsakkusativ.** Man nennt diese Konstruktion deshalb **Akkusativ mit Infinitiv** (AcI). Diese Infinitivkonstruktion stellt innerhalb des Satzes eine in sich geschlossene Aussageeinheit dar.
Hierin besteht nun ein wesentlicher Unterschied zum Deutschen; denn hier ist die Konstruktion des AcI auf wenige Verben (zumeist verba sentiendi) beschränkt (z. B. sehen, hören, fühlen, heißen).
In den meisten Fällen erfordert die Wiedergabe des lateinischen AcI im Deutschen ein ‚strukturelles Umsetzen'.

Vgl. folgendes Beispiel:

Lateinisch:	Puto me in tempore venisse.	**AcI**
Deutsch:	Ich glaube, daß ich rechtzeitig gekommen bin.	*deklarativer daß-Satz*
	Ich glaube, ich bin rechtzeitig gekommen.	*verkürzter Deklarativsatz*
	Ich glaube, rechtzeitig gekommen zu sein.	*Infinitiv*

Gelegentlich ist auch die Übersetzung des AcI mit einer Substantivverbindung oder Adverb möglich, z. B.:

Scio te sero advenisse.	Ich weiß von deiner zu späten Ankunft.
Apparet te sero advenisse.	Offensichtlich bist du zu spät angekommen.

1.3 Der Übersetzende muß die Funktionsmerkmale des lateinischen Infinitivs genau kennen; entscheidend wichtig ist diese Kenntnis gerade dort, wo strukturelle Unterschiede zwischen dem Lateinischen und Deutschen vorhanden sind. Deshalb sind im folgenden die wichtigsten Erscheinungsformen des Infinitivs – freilich in sehr knapper Form – dargestellt.

2. Die Erscheinungsformen des Infinitivs

2.1 Der Infinitiv als Subjekt

2.1.1 Der Infinitiv als Subjekt steht in der Regel nach **unpersönlichen Ausdrücken**, z. B.: *licet*, *placet / displicet*, *melius est*, *facile / difficile est*, *dulce est*, *satis est*, *necesse / necessarium est* usw.

Vgl.:

Victis *parcere* **humanum est.**	Besiegte *zu schonen* **ist menschlich.**

2.1.2 Gelegentlich ist der Subjektsinfinitiv auch von einem **Substantiv** ① oder von einem **Genitivus possessivus** ② in Verbindung mit der Kopula *est* abhängig.

① Recte rem publicam *administrare* **difficilis ars est.**	Den Staat richtig zu verwalten, (die richtige Staatsverwaltung) **ist eine schwierige Kunst.**
② Miseros *consolari* **humanitatis est.**	Notleidende zu *trösten*, **zeugt von Menschlichkeit.**
Aber: Tuum est consolari	Es ist deine Pflicht zu trösten ....

2.1.3 Der Subjektsinfinitiv erscheint zuweilen als Antwort auf eine vorausgehende Frage. Vgl.:

Quid est agrum bene colere? Bene arare.	Was heißt ein Feld gut pflegen? (Es) gut ackern.

2.1.4 Seltener ist der Subjektsinfinitiv durch das Neutrum eines Pronomens (z.B. *hoc, illud, ipsum*) und/oder eines Adjektivs (z.B. *totum*) näher bestimmt; in diesem Falle muß der Infinitiv im Deutschen mit einem Substantivausdruck wiedergegeben werden. Vgl.:

Quibusdam totum hoc displicet philosophari.	Manchem mißfällt dieses ganze Philosophieren.

2.1.5 Der Subjektsinfinitiv kann auch Prädikatsnomen bei der Kopula *esse* sein. *esse* ist dann mit *bedeuten, heißen* zu übersetzen. Vgl.:

Docto homini vivere est cogitare.	Leben bedeutet/heißt für den Gelehrten denken.

2.1.6 Ein prädikatives Nomen (Adjektiv, Substantiv, Partizip) steht beim Subjektsinfinitiv im **Akkusativ.** Es handelt sich hier um einen verkürzten AcI; dabei läßt sich jeweils *aliquem* ergänzen.

Estne laudabile (aliquem) fort**em** esse/ consul**em** fieri/ rem publicam defendent**em** occidere?	Ist es anerkennenswert, tapfer zu sein/ Konsul zu werden/ bei der Verteidigung des Staates zu fallen?

2.2 Der Infinitiv als Objekt

2.2.1 Der Infinitiv als Objekt steht in der Regel nach den Verben des Wünschens, Strebens, Könnens, Müssens, Sollens, Denkens, Beabsichtigens, Beschließens, Wagens, Anfangens, Aufhörens, Fortfahrens und Pflegens. Diese Verben sind ja zumeist auf ein Objekt gerichtet.

Er begegnet am häufigsten nach folgenden Verben:

velle, nolle, malle, cupere, studere, posse, debere, statuere, audere, incipere, desinere, pergere, solere

Volui/ potui/ debui/ statui/ ausus sum/ solitus sum	domum redire.	Ich wollte nach Hause zurückkehren. Ich konnte/ mußte/ beschloß/ wagte/ pflegte,	nach Hause zurückzukehren.

2.2.2 Der Objektsinfinitiv steht gelegentlich in einer Konstruktion mit doppeltem Akkusativ. Vgl.:

In cupiditate scientiae excellere pulchrum putamus.	Sich im leidenschaftlichen Bemühen um die Wissenschaft hervorzutun, halten wir für schön.

2.2.3 Ein prädikatives Nomen, das sich auf das Subjekt des regierenden Satzes bezieht, steht beim Objektsinfinitiv im **Nominativ**; denn auch das Bezugswort steht im Nominativ. Vgl.:

Homines beat**i** esse cupiunt (student, incipiunt, conantur).	Die Menschen wünschen (streben, beginnen, versuchen), **glücklich** zu sein.
Pat**er** esse disce ab illis, qui vere sciunt!	Lerne von jenen, **ein Vater** zu sein, die es wirklich können!

2.3 **Accusativus cum infinitivo (AcI)**

2.3.1 Sowohl im Subjektsinfinitiv (2.1) als auch im Objektsinfinitiv (2.2) steht ein **eigenes Subjekt** im **Akkusativ.**

Facinus erat vinciri **civem Romanum.**	Es war ein Verbrechen, daß/wenn **ein römischer Bürger** gefesselt wurde.
Lycurgus **corpora iuvenum** firmari labore voluit.	Lykurg wollte es, daß die **Körper der jungen Leute** durch Arbeit gestählt würden.

2.3.2 Der AcI steht regelmäßig nach den Verben des **Sagens** und **Meinens**, des **Fühlens**, **Wahrnehmens** und der **Gemütsbewegung**; er gibt hier eben den Inhalt dieser Verben an.
Gelegentlich begegnet er auch nach **unpersönlichen Ausdrücken** (z.B.: *constat*, *apparet*, *fama est* u.ä.).

Die Infinitive der drei Zeitstufen geben die verschiedenen **Zeitverhältnisse** an; dabei gilt:

Infinitiv:	Perfekt	Präsens	Futur
Zeitverhältnis:	vorzeitig ① ④	gleichzeitig ②	nachzeitig ③

Wenn im AcI und im regierenden Satz gleiches Subjekt steht, so wird dieses in der 3. Person Singular und Plural immer durch das Reflexivpronomen **se** ausgedrückt ③.

① **Orpheum poetam** docuit Aristoteles numquam **fuisse.**	Aristoteles hat gelehrt, daß **der Dichter Orpheus** niemals **gelebt habe.**
② Quis credit **animos** simul cum corporibus **interire**?	Wer glaubt, daß **die Seelen** zugleich mit den Körpern **zugrunde gehen**?
③ Cicero [se] brevi Romam **rediturum esse** valde gaudebat.	Cicero freute sich darüber sehr, daß **er** bald nach Rom **zurückkehren werde.**
④ Constat ad salutem civium **inventas esse leges.**	Es ist bekannt, daß **die Gesetze** zum Wohl der Bürger **erfunden worden sind.** (Bekanntlich sind . . .)

Über die verschiedenen Übersetzungsmöglichkeiten des AcI vgl. 1.2, S. 134f.! Es ist zu empfehlen, den AcI in einem ersten Arbeitsschritt immer mit einem deklarativen daß-Satz zu übersetzen, dann aber nach einer besseren deutschen Wiedergabe zu suchen.

2.3.3 Nach den Verben des **Hoffens**, **Versprechens**, **Schwörens** steht im Lateinischen in der Regel Infinitiv Futur; im Deutschen wird in solchen Fällen ein nachzeitiges Verhältnis nicht ausgedrückt.

Spero te in tempore **venturum esse.**	Ich hoffe, daß du rechtzeitig **kommst.**

Aber:

Spero te in tempore **venisse.**	Ich hoffe, du **bist** rechtzeitig **gekommen.**

Wenn ein Verbum keinen Infinitiv Futur bilden kann, so wird dieser mit *fore, ut*[1] umschrieben. Vgl.:

Spero *fore, ut* huius facti te paeniteat.	Ich hoffe, daß du diese Tat bereuen wirst.

---

[1] *fore, ut/futurum esse, ut* ist Infinitiv Futur von *fit, ut* (K. 4, 2.5, S. 113).

2.3.4 Sehr häufig ist im AcI beim Infinitiv Perfekt Passiv und beim Infinitiv Futur die Kopula *esse* „ausgelassen" (Ellipse). Vgl.:

Athenienses se a Themistocle **proditos** iudicaverunt.	Die Athener waren der Meinung, sie **seien** von Themistokles **verraten worden**.
Labienus se Caesarem non **deserturum** iuravit.	Labienus schwor, er **werde** Caesar nicht **im Stich lassen**.

2.4 Nominativus cum infinitivo (NcI)

Der Nominativus cum infinitivo (NcI) begegnet weniger häufig als der AcI; er steht nur nach bestimmten Verben.
Beim NcI ist das Subjekt des Infinitivs zugleich Subjekt des regierenden Satzes (persönliche Konstruktion). Die Infinitive der drei Zeitstufen geben auch hier die verschiedenen Zeitverhältnisse an (vgl. 2.3.2). Beim Infinitiv Futur fehlt gelegentlich die Kopula *esse*.

2.4.1 Der NcI nach videri, dici, putari u. ä. Verben

Videmini non satis, quid dicam, *intellexisse*.	**Es scheint, daß** ihr nicht genügend *begriffen habt*, was ich meine.
Germani fortissim*i* *esse* } **dicuntur** / **tradebantur**.	**Man sagt** / **man überlieferte**, { daß *die Germanen* sehr tapfer *sind*.
Caesar regnum petitur*us* *esse* } **putabatur** / **ferebatur**.	**Man glaubte** / **berichtete**, { *Caesar werde* nach der Königsherrschaft *streben*.

Zu beachten:

Die persönliche Konstruktion des Lateinischen läßt sich im Deutschen nur selten nachgestalten, etwa bei den Verben *videri* und *dici*:

Videntur intellexisse ...	**Sie scheinen** begriffen zu haben ...
Dicuntur fortissimi esse.	**Sie sollen** sehr tapfer sein.

In der Regel muß im Deutschen eine unpersönliche Konstruktion hergestellt werden; dabei gilt folgende Umbau-Regel:

Lateinisch		Deutsch	
NcI	persönliche Konstruktion	unpersönliche Konstruktion	**Gliedsatz**
Nominativ – Infinitiv	videor / dicitur / putantur	es scheint, / man sagt, / man glaubt,	**daß** Subjekt (ich) (er) (sie) – Prädikat

Zu merken:

sibi videri	von sich glauben; sich schmeicheln
Felix esse sibi quidem videbatur.	Er selbst wenigstens glaubte (von sich), glücklich zu sein.

2.4.2 Der NcI nach iuberi, sini u.ä. Verben

Nach *iuberi*, *sini* u.ä. Verben kann das Subjekt des NcI eine Person ① oder – bei Fehlen der Person – eine Sache sein ②.

Galli triginta naves mittere **iussi sunt.**	**Den Galliern wurde befohlen,** 30 Schiffe zu schicken.
Triginta naves mitti **iussae sunt.**	**Man befahl, 30 Schiffe** zu schicken.

10 Infinitiv (II)

Syntaktische Besonderheiten – Übersetzungsschwierigkeiten

Der Infinitiv zeigt nicht selten syntaktische Besonderheiten; deren Kenntnis ist für den Übersetzenden die Voraussetzung zur richtigen Analyse.

1. Direkte und indirekte Reflexivität

1.1 Die Beziehung auf das Subjekt des gleichen Satzes wird im Lateinischen immer mit dem Reflexivpronomen *sui*, *sibi*, *se* – *suus*, *sua*, *suum* hergestellt. Wir sprechen hier von direkter Reflexivität.
In der Infinitivkonstruktion wird die Beziehung auf das Subjekt des Infinitivs mit dem Reflexivpronomen ausgedrückt; es gibt auch hier die **direkte Reflexivität** ① an. Doch wird auch die Beziehung auf das Subjekt des regierenden Satzes mit dem Reflexivpronomen ausgedrückt; dies hat seinen Grund in der innerlichen Abhängigkeit, die zwischen der Infinitivkonstruktion und dem regierenden Satz besteht. In diesem Falle bezeichnet das Reflexivpronomen eine **indirekte Reflexivität** ②.

1.2 Diese indirekte Reflexivität wird auch in allen innerlich abhängigen Gliedsätzen ausgedrückt; innerlich abhängig sind Gliedsätze fast immer, wenn sie innerhalb eines AcI stehen; ihr Modus ist der Konjunktiv. Vgl. Gliedsatz in ①:

① Traditum est **Alexandrum**, cum Clitum amicum **suum** interem*isset*, vix a **se** manus abstinuisse.	Es ist überliefert, daß **Alexander**, als er **seinen** Freund Klitus getötet hatte, sich kaum beherrschen konnte, **sich** (selbst) Gewalt anzutun.
② **Alexander sibi** vim a **suis** allatum iri suspicabatur.	**Alexander** hatte den Verdacht, daß **ihm** einmal von **den Seinen** Gewalt angetan werde.

2. Unterordnung mehrerer Infinitive

Zwei oder mehrere Infinitive sind oft einander untergeordnet. Zuweilen ist ein AcI von einem anderen AcI abhängig.
Nicht immer ergibt sich für den Übersetzenden aus der Reihenfolge der Infinitive ihr Grad der Unterordnung. Im folgenden ist jeweils im Schema diese Unterordnung deutlich gemacht.

2.1

Caesar
urbem ab Ariovisto
posse expugnari
(**expugnari posse**) putavit.

Caesar glaubte,
daß die Stadt von Ariovist
erobert werden könne.

Im Schema:

. . . posse
expugnari

posse
. . . expugnari

2.2

Nuntiatum est
Caesarem dixisse
se non **posse**
Romam **reverti.**

Es wurde gemeldet,
Caesar habe gesagt,
er könne nicht
nach Rom **zurückkehren.**

Im Schema:

. . . Caesarem dixisse
se non posse
. . . . . . reverti

2.3

Legimus
Ariovistum respondisse
se ad suum arbitrium
imperare consuesse.

Wir lesen,
Ariovist habe geantwortet,
daß **er** nach eigener Entscheidung
Befehle zu geben gewohnt sei.

Im Schema:

. . . Ariovistum respondisse
se . . . consuesse
imperare

3. „Sperrung" des AcI durch einen Gliedsatz

Gelegentlich sind die Glieder eines AcI durch einen eingeschobenen Gliedsatz voneinander getrennt, sie sind „gesperrt". Für den Übersetzenden ist die Konstruktion dann nicht immer auf den ersten Blick durchschaubar. Im folgenden ist der Konstruktionsverlauf wieder im Schema angegeben.

Scimus
a multis scriptoribus,
qui historias Graecas
scripserunt,
Periclem laudibus efferri.

Wir wissen,
daß von vielen Schriftstellern,
die die griechische Geschichte
geschrieben haben,
Perikles gerühmt wird.

Im Schema:

. . . a multis scriptoribus .... Periclem laudibus efferri

| qui . . . |

4. Kondizionale Perioden im AcI

Nicht selten erscheint innerhalb einer AcI-Konstruktion eine kondizionale Periode. Am häufigsten begegnet der **Realis im Futur** (siehe dazu K. 3: 3.1.3, S. 108).

Der **Irrealis in Abhängigkeit** tritt seltener auf; der Übersetzende muß jedoch seine besondere Erscheinungsform kennen:

Der Kondizionalsatz bleibt jeweils unverändert, der Folgerungssatz (vgl. K. 3: 3.1.1, S. 108) steht im AcI. Dabei gilt:

Periode	Kondizionalsatz	Folgerungssatz im AcI
① Irrealis der **Gegenwart**	si mit Konj. **Impf.**	. . . urum fuisse
② Irrealis der **Vergangenheit**	si mit Konj. **Plusqupf.**	. . . urum fuisse

① Si nobiscum iter
faceres,
te non minus quam
nos laetat**urum fuisse** puto.

Wenn du mit uns
reistest,
würdest du **dich,**
so glaube ich,
ebenso **freuen** wie wir.

② Si in tempore **redisses,**
patrem tibi veniam
dat**urum fuisse** affirmo.

Wenn du rechtzeitig **zurückgekehrt wärst,** so **hätte** dir, das behaupte ich, dein Vater **verziehen.**

5. Der AcI in der Oratio obliqua

In der **Oratio obliqua** stehen alle **Aussagesätze** im AcI. Die **Begehrenssätze**, die in der Oratio recta Befehl, Wunsch, Bitte, Verbot bezeichnen, erscheinen dagegen im Konjunktiv (Negation: *ne*). Auch alle **Gliedsätze** stehen in der Oratio obliqua im **Konjunktiv** (vgl. innerlich abhängige Gliedsätze innerhalb eines AcI, 1.2, S. 141). Im AcI geben die drei Zeitstufen der Infinitive das jeweilige Zeitverhältnis an (vgl. K. 9: 2.3.2, S. 137f.).
In den konjunktivischen Sätzen gelten die Regeln der Zeitenfolge (vgl. K. 1: 1.2.2, S. 93f.).
Die Beziehung auf das sprechende Subjekt wird durch das indirekte Reflexivum *sui, sibi, se, suus, sua, suum* (vgl. 1.1, S. 141) ausgedrückt. Zur Verdeutlichung steht dafür oder daneben auch *ipse, ipsa* usw.

Lateinisch	*Deutsch*
Hospes amicis dixit:	**Der Gast berichtete den Freunden:**
Se pridie venisse seque primum virum quendam notum convenisse;	Er sei tagszuvor angekommen und habe sich zunächst zu einem Bekannten begeben;
noctu autem subito se fulgure et tonitru perterritum esse.	nachts aber sei er plötzlich durch Blitz und Donner aufgeschreckt worden.
Et multis imbribus cito vias, hortos, agros inundatos esse.	Durch starke Regengüsse seien schnell Straßen, Gärten und Äcker überflutet worden.
Ipsine eam tempestatem animadvertissent.	Ob sie nicht auch ihrerseits das Unwetter bemerkt hätten.
Narrarent, quid passi essent.	Sie sollten erzählen, was sie erlebt hätten.
Se quidem per totam noctem non obdormivisse.	Er habe die ganze Nacht durch nicht einschlafen können.
Quid tandem peius esse.	Was gebe es eigentlich Schlimmeres.
Atque etiam illum virum abisse, sese solum domi mansisse.	Noch dazu sei jener Mann weggegangen, und er allein zu Hause geblieben.
At eos diu audisse se (ipsum) loquentem;	Doch sie hätten ihn nun lange genug reden hören;
Proinde ne cunctarentur, sibi (ipsi) respondere.	sie sollten demnach nicht zögern, ihm zu antworten.

11 Partizip (I)

1. Die Bedeutung und Verwendung des Partizips im Lateinischen

Das Partizip gehört wie der Infinitiv zu den Konstruktionen, welche die lateinische Satzstruktur vorherrschend bestimmen.
1.1 Das Partizip ist ein von einem Verbum abgeleitetes **Adjektiv**. Als Adjektivbildung ist es einem Nomen zugeordnet, mit dem es in Genus, Numerus und Kasus übereinstimmt.
Das Partizip zeigt jedoch auch **verbales Wesen**, insofern es die Bestimmungen des Verbums (Adverb, Kasusrektion, Angabe des Zeitverhältnisses, Genus verbi) beibehält.

1.2 Im Lateinischen werden drei verschiedene Partizipien gebildet; sie geben jeweils ein verschiedenes Zeitverhältnis an, das zwischen dem im Partizip ausgedrückten Vorgang und dem Vorgang des regierenden Verbums herrscht. Dabei erfaßt

das Partizip **Perfekt**	einen **vorzeitigen** Vorgang,
das Partizip **Präsens**	einen **gleichzeitigen** Vorgang,
das Partizip **Futur**	einen **nachzeitigen** Vorgang.

(vgl. K. 12:2, S. 149f.)

1.3 Das Partizip wird im Lateinischen in drei verschiedenen **Funktionen** verwendet:

1. in **attributiver** Funktion,
2. in **prädikativer** Funktion,
3. in **adverbialer** Funktion.

In dieser Verwendung des Partizips stimmt das Lateinische mit dem Deutschen vielfach überein; es bestehen jedoch auch Unterschiede, die vom Übersetzenden jeweils ein ‚strukturelles Umsetzen' erfordern. Darauf wird im folgenden genauer eingegangen.

2. Die Erscheinungsformen des Partizips

2.1 Das attributiv gebrauchte Partizip

2.1.1 Das Partizip erfüllt sehr häufig die Aufgabe eines **Attributs** ①. Zuweilen ist das attributiv gebrauchte Partizip durch mehrere Angaben erweitert, so daß es im Deutschen mit einem Relativsatz wiederzugeben ist ②.

① Viri **docti** ne in alienis quidem locis inopes amicorum sunt.	**Gelehrte** Männer sind auch an fremden Orten nicht arm an Freunden.
② Themistocles, vir **optime meritus de re publica** ex patria expulsus est.	Themistocles, ein Mann, **der sich um den Staat höchst verdient gemacht hatte,** wurde aus seiner Heimatstadt verbannt.

2.1.2 Das attributiv gebrauchte Partizip ist teilweise zu einem **wirklichen Adjektiv** geworden, z. B.:

absens	abwesend	remotus	entfernt
praesens	gegenwärtig	desertus	verlassen
insequens	folgend	futurus	zukünftig

Zu beachten:

In dieser Funktion haben einige Partizipien auch den Genitiv (bei Adjektiven) nach sich; hier ist das Verbalnomen zum echten Nomen geworden. Häufig begegnet:

vir appetens gloriae	ein nach Ruhm strebender Mann
puer neglegens officii	ein pflichtvergessener Junge

2.1.3 Das attributiv gebrauchte Partizip erscheint häufig als **selbständiges Substantiv**, z. B.:

amans	der/die Liebende	responsum	die Antwort
peccantes	die Sünder	dictum	das Wort
futurum	die Zukunft	praecepta	die Vorschriften

Zu beachten:

Eine Übersetzungsschwierigkeit ergibt sich, wenn ein substantivisch gebrauchtes Partizip durch mehrere Angaben erweitert ist; vgl.:

Quis irascatur **vitam silentio transeuntibus**?	Wer wird wohl **Leuten** zürnen, **die ihr Leben im Schweigen verbringen**?

2.1.4 Das attributiv gebrauchte Partizip Perfekt Passiv erfaßt oft einen Vorgang, der sich an den ihm zugehörigen Nomen vollzogen hat. In einem solchen Falle ist das Partizip im Deutschen mit einem Vorgangssubstantiv wiederzugeben; vgl.:

pretium **conservatae** patriae	der Lohn für die **Rettung** des Vaterlandes
Sicilia **amissa**	der **Verlust** Siziliens

2.2 Das prädikativ gebrauchte Partizip

Das prädikativ gebrauchte Partizip ist auf wenige Verben und Wendungen beschränkt.

2.2.1 Gelegentlich steht das Partizip Präsens in Verbindung mit der Kopula *esse*; es dient hier zur nachdrücklichen Hervorhebung einer Eigenschaft. Im Deutschen läßt sich diese Verwendung nicht nachgestalten.

Alcibiades **fuit** temporibus callidissime **inserviens.**	Alkibiades war **ein Mann, der sich** jeweils sehr schlau den Zeitumständen **anpaßte.**

2.2.2 In Verbindung mit Verben der Wahrnehmung (bes. *videre*, *spectare*, *audire*) ergänzt das Partizip Präsens den Inhalt des Prädikatsvorganges. Das Partizip erfaßt hier die unmittelbare sinnliche Wahrnehmung.
Im Deutschen wird das Partizip mit einem Infinitiv oder mit einem Gliedsatz (*wie* . . . .) wiedergegeben.

Vgl.:

audio te cantantem	ich höre { dich singen / **wie** du singst }

Multi Hannibalem saepe inter custodes humi **iacentem** viderunt.	Viele sahen Hannibal oft zwischen den Wachen am Boden **liegen.** (. . . sahen oft, **wie** H. . . . **lag.**)

Zu unterscheiden:

audio te cantantem – audio te cantare

In der Partizipkonstruktion ist der Vorgang, in der Infinitivkonstruktion die Tatsache stärker betont.

2.2.3 In Verbindung mit dem Verbum *facere* erfaßt das Partizip einen Vorgang, den der Schriftsteller oder Dichter eine Person in einer Schrift oder einem Bühnenstück ausführen läßt; *facere* bedeutet hier „*lassen*".

Im Deutschen wird das Partizip mit einem Infinitiv wiedergegeben; vgl.:

Sophocles Antigonam haec **dicentem** facit.	Sophokles läßt Antigone folgendes **sagen**.

2.2.4 In Verbindung mit den Verben *habere*, *tenere*, *iacere*, *haerere* verstärkt das Partizip Perfekt Passiv den Prädikatsinhalt ① oder es gibt einen dauerhaften Zustand an ②.

Im Deutschen läßt sich die durch das Partizip ausgedrückte Sinnuance nicht immer angemessen berücksichtigen.

Vgl.:

rem cognitam habeo	ich habe die Sache **deutlich erkannt**

① Epistula tua diu me **conturbatum** tenuit.	Dein Brief hielt mich lange **in einem Zustand der Verwirrung.**
② Bonae artes diu **neglectae** iacebant.	Die schönen Künste lagen lange Zeit **vernachlässigt** darnieder.

12 Partizip (II)

Das adverbial gebrauchte Partizip: Participium coniunctum

Das Partizip erfüllt im Satz häufig die Aufgabe eines **Adverbiales**; es bezeichnet also nähere Umstände des Prädikatsvorganges. In dieser Funktion gehört das Partizip zu den Konstruktionen, die der lateinischen Satzstruktur ihre Prägnanz und Kürze geben.

1. Die Beziehung des Participium coniunctum

Als participium coniunctum bezieht sich das adverbial gebrauchte Partizip in der Regel entweder auf das Subjekt des Satzes oder auf ein Objekt (zumeist im Genitiv, Dativ oder Akkusativ).

1.1 *Nominativ:*

Aristid**es** patria **pulsus** Lacedaemonem fugit.	Aristides ist, aus seiner Heimat vertrieben, nach Lazedämonien geflohen.

1.2 *Genitiv:*

Aristid**is** patria **pulsi** multi diu meminerant.	An Aristides dachten, als er aus der Heimat vertrieben worden war, viele noch lange.

1.3 *Dativ:*

Aristid**i** patria **pulso** mors imminebat.	Aristides drohte, als er aus der Heimat vertrieben worden war, der Tod.

1.4 *Akkusativ:*

Aristid**em** patria **pulsum** Lacedaemonii hospitio receperunt.	Aristides haben, als er aus der Heimat vertrieben worden war, die Lazedämonier in Gastfreundschaft aufgenommen.

2. Das Zeitverhältnis beim Participium coniunctum

2.1 In jedem Partizip ist ein Zeitverhältnis miterfaßt; dies ist besonders beim adverbial gebrauchten Partizip in der Übersetzung zu berücksichtigen. Beim Participium coniunctum wird ein dreifaches Zeitverhältnis unterschieden; an der Form des jeweiligen Partizips wird erkennbar, ob der im Partizip ausgedrückte Vorgang im Verhältnis zum Vorgang des regierenden Verbums *vorzeitig*, *gleichzeitig* oder *nachzeitig* ist (vgl. K. 11: 1.2, S. 145).

2.1.1 *vorzeitig:*

Locutus { abii / abeo / abibo.	Als ich gesprochen hatte, ging ich weg. Wenn ich gesprochen habe, { gehe ich weg/ werde ich weggehen.

2.1.2 *gleichzeitig:*

Aegrotans medicum { adhibui / adhibeo / adhibebo.	Als ich krank war, ließ ich den Arzt kommen. Wenn ich krank bin, { lasse ich den A. k./ werde ich den A. k. lassen.

2.1.3 *nachzeitig:*

Veni / Venio / Veniam } te consulturus.	Ich kam, da ich dich um Rat fragen wollte. Ich komme, / Ich werde kommen, } da ich dich um Rat fragen will.

2.2 *Zu beachten:*

2.2.1 Das Partizip Perfekt einiger Deponentien und Semideponentien wird oft in der Bedeutung eines Partizips Präsens gebraucht.
Häufiger begegnen:

arbitratus, ratus	glaubend; in der Meinung
veritus	fürchtend; aus Furcht
usus	gebrauchend; mit Hilfe von
solitus	pflegend; gewohnt

2.2.2 Zuweilen hängt von derartigen Partizipien eine andere Konstruktion ab, z. B.:

AcI:

Dux hunc locum idoneum (esse) *ratus* castra collocavit.	Der Heerführer ließ, in der Meinung, dies sei ein passender Ort, das Lager errichten.

Gliedsatz:

Dux *veritus*, ne naves tempestate affligerentur, eas subduci iussit.	Der Heerführer ließ, in der Furcht, die Schiffe könnten vom Sturm beschädigt werden, diese an Land ziehen.

3. Die Sinnrichtungen beim Participium coniunctum

Zusätzlich zur temporalen Angabe kann im Partizip eine **modale** oder **kausallogische** Bestimmung des Prädikats mitangegeben sein.

Folgende Sinnrichtungen sind dabei zu unterscheiden:

3.1 *temporal:*

Decedens ex Syria Rhodum veni.	**Als / Während** ich aus Syrien zurückkehrte, kam ich nach Rhodos.
Themistocles Athenis **expulsus** ad Persas confugit.	**Als / Nachdem** Themistokles aus Athen vertrieben worden war, nahm er bei den Persern Zuflucht.

3.2 *modal:*

Philosophi quidam **inambulantes** disputabant.	Bestimmte Philosophen führten ihre Gespräche, **indem** sie auf- und abgingen.
Quis mortem **non metuens** mortuus est?	Wer ist gestorben, **ohne** den Tod **zu** fürchten?

3.3 *kausal:*

Tum **aegrotans** in lecto iacebam.	Damals lag ich, **weil / da** ich krank war, zu Bett.

3.4 *konzessiv:*

Mendaci homini ne verum quidem **dicenti** credere solemus.	Einem Lügner pflegen wir, **auch wenn** er die Wahrheit sagt, nicht Glauben zu schenken.

3.5 *kondizional:*

Mente non recte uti possumus multo cibo **completi.**	Wir können den Geist nicht richtig gebrauchen, **wenn / falls** wir uns voll gegessen haben.

3.6 *final:*

Iudices adsunt de parricida sententiam **dicturi.**	Die Richter sind da, **um** über den Mörder ab**zu**stimmen.

Zu beachten:

3.7.1 Die einzelnen Sinnrichtungen des Partizips lassen sich nicht immer eindeutig erfassen; oft kann nur der weitere Textzusammenhang Aufschluß geben. Das folgende Beispiel macht dies deutlich:

Catilinam novis rebus **studentem** multi sequuntur.	Catilina hat, **während / weil / obwohl / wenn** er nach Umsturz strebt, ein großes Gefolge.

3.7.2 Das Partizip Futur bezeichnet einen Vorgang,

1. den man *im Begriffe ist* zu tun,
2. den man *beabsichtigt*, zu dem man *entschlossen* ist,
3. der – vom Schicksal bestimmt – eintreten *soll*.

4. Verschiedene Möglichkeiten der Wiedergabe des Participium coniunctum

4.1 Bei Beziehung auf das Subjekt läßt sich das Participium coniunctum im Deutschen zuweilen wörtlich wiedergeben. In den meisten Fällen ist aber für das lateinische Partizip eine andere Struktur zu setzen. Die Wiedergabe mit einem Relativsatz ist nur selten angemessen; sie kann aber immer als erste Übersetzungshilfe dienen, von der aus sich bessere Lösungen finden lassen.

4.2 Mit folgenden Konstruktionen kann das lateinische Partizip wiedergegeben werden:

① mit **Partizip** (wörtlich),
② mit **Relativsatz** (erste Übersetzungshilfe),
③ mit **konjunktionalem Gliedsatz,**
④ mit **Präpositionalgefüge,**
⑤ mit einem **gleichgeordneten Satz.**

Aristides	patria expulsus	Lacedaemonem fugit.
① Aristides ist,	aus seiner Heimat **vertrieben,**	nach L. geflohen.
② Aristides,	**der** aus seiner Heimat **vertrieben worden war,**	ist nach L. geflohen.
③ Aristides ist,	**als / weil** er aus seiner Heimat **vertrieben worden war,**	nach L. geflohen.
④ Aristides ist	**nach der Vertreibung** aus seiner Heimat	nach L. geflohen.
⑤ Aristides **ist**	aus seiner Heimat **vertrieben worden**;	(und) **daraufhin / deshalb** ist er nach L. geflohen.

4.2.1 *Zu beachten:*

Bei Wiedergabe des Partizips mit einem gleichgeordneten Satz ist die im Partizip enthaltene Sinnrichtung zu berücksichtigen:

1. durch eine koordinierende Konjunktion,
oft mit verdeutlichendem Adverb, z. B.:
und, und daraufhin, und deshalb, und trotzdem;

2. mit einleitendem Adverb,
ohne koordinierende Konjunktion, z. B.:
daraufhin, dabei, deshalb, trotzdem.

5. Zusammenfassende Übersicht:

Übersetzungsmöglichkeiten des Participium coniunctum

Sinnrichtung	Übersetzungsmöglichkeiten		
	mit konjunktionalem Gliedsatz (selten: mit Infinitiv)	mit Präpositionalgefüge	mit gleichgeordnetem Satz
temporal gleichzeitig	während; als; wobei	während; bei	(und) dabei; währenddessen
vorzeitig	nachdem; als	nach	(und) danach
modal	wobei; indem; dadurch, daß; ohne daß/zu (negiert)	bei; durch	(und) dabei; (und) dadurch
kausal	da; weil	infolge; wegen	(und) deshalb; daher
konzessiv	obwohl; wenngleich	trotz	(und) trotzdem; (und) dennoch
kondizional	wenn; falls	im Falle	– – – –
final	damit; um ... zu (bei gleichem Subjekt)	zum Zwecke; um ... willen	– – – –

13 Partizip (III)

Das adverbial gebrauchte Partizip: Ablativ mit Partizip (Ablativus absolutus) – Erscheinungsform

Die Aufgabe eines Adverbiales erfüllt innerhalb eines Satzes das Partizip auch in der Form des **Ablativ mit Partizip (Ablativus absolutus)**.

1. Die Beziehung des Ablativ mit Partizip (Ablativus absolutus)

1.1 Als **Ablativ mit Partizip** bildet das Partizip zusammen mit einem Ablativ eine geschlossene Aussageeinheit innerhalb eines Satzes; vgl. folgende Beispiele:

① vere ineunte	am Frühlingsanfang
② sole occidente	bei Sonnenuntergang
③ Tarquinio Superbo regnante	während der Herrschaft des Tarquinius Superbus
④ urbe incendio deleta	nach der Zerstörung der Stadt durch Feuersbrunst

In ① übernimmt schon der bloße Ablativ eine adverbiale Funktion; er stellt eine Zeitangabe dar *(vere – im Frühling)*. Das hinzutretende Partizip präzisiert die Zeitangabe *(vere ineunte – bei beginnendem Frühling)*. Der Ablativ mit Partizip hat hier die Funktion eines Adverbiales der Zeit.
In ②–④ hat der bloße Ablativ (*sole*, *Tarquinio Superbo*, *urbe*) noch keine adverbiale Funktion, jedoch hat die Verbindung des Ablativs mit einem Partizip jeweils wieder die Funktion eines Adverbiales der Zeit.

1.2 Der Ablativ mit Partizip stellt also ein selbständiges Satzglied dar, das mit keinem Nomen des Restsatzes verbunden ist; er ist vom Rest des Satzes ‚losgelöst', **absolut.** Deshalb nennt man diese im Ablativ stehende Partizipialkonstruktion auch **Ablativus absolutus** (Abl. abs.).

2. Das Zeitverhältnis beim Ablativ mit Partizip (Ablativus absolutus)

2.1 Beim Ablativ mit Partizip (Abl. abs.) ist in der Regel nur ein zweifaches Zeitverhältnis zu unterscheiden.

Es erfaßt:

das Partizip **Präsens**	einen **gleichzeitigen** Vorgang ①,
das Partizip **Perfekt**	einen **vorzeitigen** Vorgang ②.
① Superbo **regnante**	**während** der Herrschaft des Superbus
② urbe **deleta**	**nach** der Zerstörung der Stadt

2.2 Das Partizip Futur begegnet beim Ablativ mit Partizip (Abl. abs.) sehr selten, etwa:

Hamilcare exercitum in Hispaniam traiecturo	als Hamilcar im Begriffe war, sein Heer nach Spanien überzusetzen (*auch:* als zu erwarten war, daß Hamilcar . . .)

3. Verschiedene Möglichkeiten der Wiedergabe des Ablativ mit Partizip (Ablativus absolutus)

Der Ablativ mit Partizip (Abl. abs.) hat im Deutschen keine unmittelbare strukturelle Entsprechung; er muß deshalb in eine andere Struktur umgesetzt werden.

Er läßt sich mit verschiedenen Konstruktionen wiedergeben:

① mit einem **konjunktionalen Gliedsatz**,
② mit einem **Präpositionalgefüge**,
③ mit einem **gleichgeordneten Satz** (beachte K. 12: 4,2.1, S. 152).

Troia a Graecis expugnata	Aeneas in Italiam venit.
① **Nachdem / Da** Troia von den Griechen **erobert worden war,**	kam Aeneas nach Italien.
② **Nach / Infolge der Eroberung** Troias durch die Griechen	kam Aeneas nach Italien.
③ Troia **war** von den Griechen **erobert worden,**	(und) **daraufhin / deshalb** kam Aeneas nach Italien.

Am häufigsten wird der Ablativ mit Partizip (Abl. abs.) im Deutschen mit einem konjunktionalen Gliedsatz wiedergegeben. Dabei gilt folgende Umbau-Regel:

Lateinisch	*Deutsch*
Ablativ mit Partizip (Abl. abs.)	**Gliedsatz**
Substantiv im Ablativ — Partizip Perfekt Passiv	**Kon-junk-tion** — Subjekt — Prädikat-Passiv

4. Die Sinnrichtungen beim Ablativ mit Partizip (Ablativus absolutus)

Im Ablativ mit Partizip (Abl. abs.) können dieselben Sinnrichtungen wie beim Participium coniunctum erfaßt sein, mit Ausnahme der finalen Sinnrichtung.

4.1 *temporal:*

Latino tenente regnum Aeneas in Italiam venit.	**Als / Während** Latinus die Herrschaft innehatte, kam Aeneas nach Italien.

4.2 *modal:*

Timoleon **nullo Siculorum recusante** regnum obtinuit.	Timoleon behauptete seine Herrschaft, **wobei** keiner der Sizilier Einspruch erhob. (**ohne daß** einer . . .)

4.3 *kausal:*

Incolis fortiter resistentibus oppidum expugnari non potuit.	**Da / Weil** sich die Bewohner tapfer zur Wehr setzten, konnte die Stadt nicht erobert werden.

4.4 *konzessiv:*

C. Mucius solus in castra Porsennae venit eumque interficere **proposita sibi morte** conatus est.	C. Mucius hat sich allein in das Lager des Porsenna begeben und ihn, **obwohl** ihm der Tod angedroht war, zu ermorden versucht.

4.5 *kondizional:*

Quae potest esse vitae iucunditas **sublatis amicitiis**?	Wie kann ein Leben angenehm sein, **wenn** es keine Freundschaften mehr gibt? (**wenn** die F. beseitigt sind)

5. Nominale Wendungen im Ablativ

Wie der Ablativ mit Partizip (Abl. abs.) können auch bloße **nominale Wendungen** im Ablativ (Substantiv mit Substantiv/Adjektiv) die Funktion des Adverbiales innerhalb des Satzes übernehmen. Der in ihnen ausgedrückte Vorgang ist zum Vorgang des regierenden Satzes immer **gleichzeitig.**

Häufiger begegnen:

(Cicerone) consule	unter dem Konsulat (Ciceros)
(Caesare) auctore	auf Veranlassung (Caesars)
(natura) duce	unter der Führung (der Natur)
(Hannibale) vivo	zu Lebzeiten (Hannibals)
(parentibus) invitis	gegen den Willen (der Eltern)

14 Partizip (IV)

Das adverbial gebrauchte Partizip: Ablativ mit Partizip (Ablativus absolutus) – Besonderheiten

Der Ablativ mit Partizip (Abl. abs.) zeigt Besonderheiten in der Verwendung, aus denen sich für den Übersetzenden gewisse Schwierigkeiten ergeben.

1. Der Ablativ mit Partizip (Ablativus absolutus) in „kryptoaktiver" Verwendung

1.1 Häufig ist das logische Subjekt des passiven Ablativ mit Partizip (Abl. abs.) identisch mit dem Subjekt des regierenden Verbums. Das Partizip des Ablativ mit Partizip (Abl. abs.) steht zwar im Passiv: PPP; aber es „verbirgt" sich in ihm ein aktiver Vorgang, den das Subjekt des regierenden Verbums ausführt; wir sprechen hier von einer „kryptoaktiven" Konstruktion.
Die passive Konstruktion ist daher in der deutschen Übersetzung ins Aktiv umzuwandeln. Vgl.:

Caesar **oppido expugnato** in castra rediit.	Caesar ist, **nachdem er die Stadt erobert hatte,** in das Lager zurückgekehrt.

Die Konstruktion des Ablativ mit Partizip (Abl. abs.) ist im Lateinischen wohl deshalb gewählt, weil vom betreffenden Verbum kein PPA gebildet werden kann.
Ein PPA kann im Lateinischen nur von Deponentien gebildet werden; deshalb sind ungefähr gleichbedeutend:

Caesar **oppido expugnato** in castra rediit.	Caesar **oppido potitus** in castra rediit.

2.1 *Zu beachten:*

Zuweilen wird aus dem unmittelbaren Textzusammenhang nicht klar, ob im Ablativ mit Partizip (Abl. abs.) eine „kryptoaktive" Konstruktion vorliegt oder nicht. Die Analyse kann in einem solchen Falle abhängig sein von historischen und literarischen Kenntnissen, welche die im Text erfaßte Situation betreffen.
Bei einer Wiedergabe des Ablativ mit Partizip (Abl. abs.) mit einem Präpositionalgefüge bleibt auch im Deutschen die Entscheidung offen. Vgl.:

Thermopylis expugnatis Athenienses urbem reliquerunt.	**Nach der Eroberung der Thermopylen** verließen die Athener ihre Stadt.

Manchmal entspricht es freilich einer stilistischen Absicht, wenn das handelnde Subjekt in dem vom Partizip erfaßten Vorgang im unklaren bleibt; es soll dann ausgedrückt sein, daß nicht allein das Subjekt des regierenden Satzes, sondern auch noch andere an der Ausführung des Vorgangs beteiligt waren.

2. Abhängigkeit anderer Konstruktionen vom Ablativ mit Partizip (Ablativus absolutus)

Nicht selten hängen vom Ablativ mit Partizip (Abl. abs.) andere Konstruktionen ab, z.B.: AcI oder konjunktionaler Gliedsatz. Dies ist besonders bei späteren Schriftstellern (Livius, Tacitus) der Fall.
Vgl. folgende Beispiele:

Nuntio allato *nostros* in Graeciam *traiecisse* ...	Nachdem die Nachricht überbracht worden war, daß die Unseren nach Griechenland übergesetzt seien, ...
Signo dato, *ut* omnes *redirent*, ...	Nachdem das Zeichen gegeben worden war, daß alle zurückkehren sollten, ...

3. Weglassung des „Subjekts" im Ablativ mit Partizip (Ablativus absolutus)

Gelegentlich ist im Ablativ mit Partizip (Abl. abs.) das „Subjekt" weggelassen, wenn es ein demonstratives Pronomen ist, das auf einen Relativsatz hinweist. Vgl.:

Hannibal Hiberum copias traiecit **praemissis**, qui Gallorum animos donis conciliarent.	Hannibal setzte seine Truppen über den Ebro, nachdem er Leute vorausgeschickt hatte, die die Gallier mit Geschenken versöhnlich stimmen sollten.

4. „Sperrung" des Ablativ mit Partizip (Ablativus absolutus) durch einen eingeschobenen Gliedsatz

Der Ablativ mit Partizip (Abl. abs.) ist manchmal durch einen eingeschobenen Gliedsatz zertrennt, „gesperrt". Vgl.:

Sepultis, ut praediximus, **bellis** pristinus ille rei publicae status rediit.	Nachdem, wie wir es vorher schon gesagt haben, die Kriege beigelegt waren, kehrte jener frühere Zustand des Staates zurück.

15 Gerundium

Das Gerundium ist ein **Verbalsubstantiv**, das nur im Singular vorkommt. Es ersetzt die fehlenden obliquen Kasus des aktiven Infinitiv Präsens, den Akkusativ aber nur in der Verbindung mit einer Präposition.

1. Die Verwendung und Übersetzung des Gerundiums

1.1 Das Gerundium wird am häufigsten im **Genitiv** nach Substantiven und Adjektiven, im **Ablativ** und in Verbindung mit den **Präpositionen** *causa (gratia) / ad / in* verwendet[1]. Es erfüllt dabei innerhalb des Satzes die Funktion eines Genitivattributs und – als instrumentaler/modaler Ablativ bzw. als Präpositionalgefüge – die Funktion des Adverbiales.

① ars **scribendi**	die Kunst **des Schreibens** / **zu schreiben**
occasio **fugiendi**	die Gelegenheit **zum Fliehen** / **zu fliehen**
avidus **dominandi**	begierig **nach Herrschaft** / **zu herrschen**
② **Docendo** discimus.	**Durch Lehren** / **Indem wir lehren,** lernen wir.
③ **Venandi causa** rus migravimus.	**Des Jagens wegen** / **Um zu jagen,** haben wir uns aufs Land begeben.
Nulla occasio erat **ad resistendum.**	Es war keine Gelegenheit **zum Widerstand** / **dazu, Widerstand zu leisten.**
④ Lex est recta ratio **in iubendo et vetando.**	Das Gesetz ist die richtige Norm **beim Befehlen und Verbieten.**
In circumeundo haec vestigia animadverti.	**Während des Herumgehens** habe ich diese Spuren bemerkt.

1.2 Das Gerundium bezeichnet einen sich vollziehenden Vorgang. Im Deutschen entspricht ihm ein Vorgangssubstantiv; dieses wird in der Regel durch den **mit Artikel substantivierten Infinitiv** ausgedrückt *(z. B. das Schreiben, das Fliehen, das Lernen, das Jagen)* ① ② ③ ④.

[1] Seltener begegnet das Gerundium im Dativ und in der Verbindung mit den Präpositionen *a (ab), ex, de.*

Doch läßt sich das Gerundium im Genitiv immer auch durch den **bloßen Infinitiv** ①, das Gerundium im Ablativ durch einen **modalen Gliedsatz** *(indem/dadurch, daß)* ② wiedergeben. Das Gerundium in Verbindung mit den Präpositionen *causa* und *ad* kann auch mit einem **Infinitivsatz** *(um ... zu/ dazu, ... zu)* übersetzt werden ③.

2. Die Ergänzungen beim Gerundium

2.1 Das Gerundium kann durch Adverbialia (Adverbien, Präpositionalgefüge) und Objekte ergänzt werden. Darin zeigt sich seine verbale Natur. (s. K9: 1, S. 134).

① **Prudenter agendo** rem publicam restituit.	**Durch kluges Handeln** hat er den Staat wieder in Ordnung gebracht.
② Ars **rem publicam regendi** difficilis est.	Die Kunst, **den Staat zu verwalten / der Staatsverwaltung** ist schwierig.
③ Consilium cepit **se removendi** **a publicis negotiis.**	Er faßte den Entschluß, **sich für immer von den Staatsgeschäften zurückzuziehen.**
④ Parsimonia est ars **re familiari moderate** **utendi.**	Sparsamkeit ist die Kunst, **von seinem Vermögen maßvoll** **Gebrauch zu machen.**

2.2 Im Deutschen ist die lateinische Konstruktion nicht unmittelbar nachzugestalten. Für das durch Ergänzungen erweiterte Gerundium gibt es zwei Übersetzungsmöglichkeiten:

1. mit **Infinitiv**: ② ③ ④; dabei bleiben die Ergänzungen syntaktisch unverändert;
2. mit einem **Vorgangssubstantiv**: ① ②; dabei wird ein Umbau der Struktur notwendig. Es gilt folgende Umbau-Regel:

Lateinisch			*Deutsch*			
Akkusativ-objekt	Adverb	Gerundium	Präposition	attrib. Adjektiv	Substantiv	Genitiv-attribut
rem publicam	bene	**gerendo**	durch eine	gute	**Verwaltung**	des Staates

16 Gerundivum (I)

Zur Bezeichnung eines sich vollziehenden Vorgangs

Das Gerundivum ist ein **passivisches Verbaladjektiv**, das sich in Genus, Numerus, Kasus nach dem dazugehörigen Substantiv richtet und im Singular und Plural vorkommt. Es kann attributiv und prädikativ gestellt sein; es erfüllt dann jeweils verschiedene Aufgaben innerhalb eines Satzes.
Das attributiv gestellte Gerundivum bezeichnet einen sich vollziehenden Vorgang.

1. Die Verwendung des attributiv gestellten Gerundivums

1.1 In den obliquen Kasus

Das attributiv gestellte Gerundivum begegnet häufig im Genitiv ① und Ablativ ②, seltener im Dativ ③.

① Natura ingenuit homini cupiditatem **veri videndi.**	Die Natur hat dem Menschen die Begierde eingepflanzt, **die Wahrheit zu sehen.**
② **Superstitione tollenda** non tollitur religio.	**Durch die Beseitigung des Aberglaubens** wird nicht (zugleich) das religiöse Empfinden beseitigt.
③ **Iuri et legibus cognoscendis** studui (operam dedi).	**Um die Erkenntnis von Recht und Gesetz** habe ich mich bemüht.

Zu beachten:

1.1.1 Die attributive Verwendung des Gerundivums ist nur bei transitiven Verben möglich; als solche gelten hier auch die Deponentien *uti* und *frui*. Vgl.:

Ei occasio victoriae utendae non erat.	Er hatte keine Gelegenheit, aus dem Sieg Nutzen zu ziehen.

1.1.2 Das attributiv gestellte Gerundivum hat bei bestimmten Verben zuweilen adjektivischen Charakter, z. B.:

pulchritudo miranda	eine bewundernswerte Schönheit
superbia non toleranda	ein unerträglicher Hochmut

1.2 Im Präpositionalgefüge

Das attributiv gestellte Gerundivum begegnet häufig in Verbindung mit den Präpositionen *causa (gratia)* ① / *ad* ② / *in* ③, seltener in Verbindung mit den Präpositionen *a (ab)* und *de* ④.

① Legati Delphos missi sunt **oraculi consulendi causa.**	Die Gesandten sind nach Delphi geschickt worden, **um das Orakel zu befragen.**
② Undique cives **ad ludos spectandos** confluebant.	Von überall her strömten, **um die Spiele zu sehen,** die Bürger zusammen.
③ Galli sunt mobiles **in capiendis consiliis.**	Die Gallier sind unbeständig **im Fassen von Plänen.**
④ Quis te **a re publica bene gerenda** impedivit?	Wer hat dich daran gehindert, **den Staat gut zu verwalten.**

1.2.1 *Zu beachten:*

Beim Genitiv des Personal-Pronomens *mei, tui, sui, nostri, vestri* steht ohne Rücksicht auf Genus und Numerus die Gerundivform auf *-i*.

Antonius	sui servandi causa	fugit.	Antonius	floh	um sich zu retten.
Cleopatra		fugit.	Kleopatra		
Milites		fugerunt.	Die Soldaten	flohen	

Das Reflexivum gibt es nur im Singular.

2. Die Übersetzung des attributiv gestellten Gerundivums

Die Übersetzung des attributiv gestellten Gerundivums bereitet häufig Schwierigkeiten. Es bieten sich zwei Wege an, die Konstruktion ins Deutsche umzusetzen:

2.1 Vorausgehende Umwandlung ins Gerundium

Das Gerundivum wird zunächst in die Konstruktion des Gerundiums umgewandelt. Vgl. folgende Beispiele:

① cupidus < lud**i** spectand**i** / lud**orum** spectand**orum** → cupidus < spectand**i** lud*um* / spectand**i** lud*os*

② superstitio**ne** tollend**a** → tollend**o** superstition*em*

Der Kasus der Gerundiv-Konstruktion gibt den Kasus des Gerundiums an (spectand**i** – Genitiv ①, tollend**o** – Ablativ ②); das Substantiv wird dann jeweils zum Objekt des Gerundiums (Akkusativ Singular: lud*um* ①, superstition*em* ② oder Akkusativ Plural: lud*os* ①).
Die auf diese Weise erarbeitete Gerundium-Konstruktion läßt sich dann nach den Regeln K. 15: 1.2 und 2.2, S. 160f. ins Deutsche übersetzen.

2.2 Unmittelbare Umsetzung in eine deutsche Konstruktion

2.2.1 Das Gerundivum wird unmittelbar in eine deutsche Konstruktion umgesetzt. Das Gerundivum wird dabei zunächst mit einem **Vorgangssubstantiv** wiedergegeben. Das Substantiv tritt als Genitivattribut hinzu. Es gilt folgende Umbau-Regel:

Lateinisch			*Deutsch*		
	Substantiv	Gerundivum		Vorgangssubstantiv	Genitivattribut
consilium	oraculi	**consulendi**	der Plan zu	**der Befragung**	des Orakels
	superstitione	**tollenda**	durch	**die Beseitigung**	des Aberglaubens
ad	ludos	**spectandos**	zum	**Betrachten**	der Spiele

2.2.2 Die Übersetzung mit einem Vorgangssubstantiv und einem Genitivattribut ist oftmals nur eine erste Übersetzungshilfe, wenn eine bessere stilistische Wiedergabe nicht sofort gelingt. Doch lassen sich von dieser aus sehr leicht die besseren Lösungen finden. Häufig ist die stilistisch angemessene Wiedergabe

der **Infinitiv**: *der Plan, das Orakel zu befragen*

der **finale Infinitivsatz**: *um die Spiele zu betrachten*

der **modale Gliedsatz**: *indem man den Aberglauben beseitigt*
(beim Ablativ)

17 Gerundivum (II)

Zur Bezeichnung der Notwendigkeit und des Zweckes

Das prädikativ gestellte Gerundivum wird verwendet zur Bezeichnung der Notwendigkeit und des Zweckes.

1. Zur Bezeichnung der Notwendigkeit

In Verbindung mit der Kopula *esse* bezeichnet das Gerundivum

1. *etwas, was getan werden muß / soll,*
2. *etwas, was nicht getan werden darf* (bei Verneinung).

Die Person, die etwas tun muß bzw. nicht tun darf, steht im Dativ *(Dativus auctoris)*.
Ist die handelnde Person genannt, so empfiehlt es sich, die passivische lateinische Konstruktion im Deutschen ins Aktiv umzuwandeln.

1.1 **Transitive Verben** bilden eine **persönliche** Gerundiv-Konstruktion:

Leges **observandae sunt.**	Die Gesetze { **sind zu beachten.** / **müssen beachtet werden.** }
Leges *nobis* **observandae sunt.**	Die Gesetze **müssen** *von uns* **beachtet werden.** **Wir** müssen die Gesetze beachten.
Iniuriae laus **non tribuenda** (est).	Dem Unrecht **darf** man **keine** Anerkennung **zollen.**

1.2 **Intransitive Verben** bilden eine **unpersönliche** Gerundiv-Konstruktion:

Obliviscendum est iniuriarum acceptarum.	**Man muß / soll** erlittenes Unrecht **vergessen.**
Suo *cuique* iudicio **est utendum.**	*Ein jeder* **soll sich** seines eigenen Urteils **bedienen.**

1.3 Enthält eine Gerundiv-Konstruktion einen Objektsdativ, so steht zur Vermeidung von Unklarheiten statt des Dativus auctoris *a / ab* mit Ablativ; vgl.:

Litteris *a me* **studendum erat.**	*Ich* **mußte mich** um die Wissenschaften **bemühen.**

1.4 *Zu beachten:*

Das prädikativ gestellte Gerundivum ist zuweilen in eine AcI-Konstruktion einbezogen; die Kopula *esse* ist dann in der Regel „weggelassen“ (Ellipse).

Nemo umquam sapiens proditori **credendum** (esse) putavit.	Kein Weiser hat je gemeint, daß **man** einem Verräter **vertrauen müsse**.

2. Zur Bezeichnung des Zweckes

2.1 Bei bestimmten Verben, wie z. B.: *dare*, *praebere*, *tradere*, *curare* bezeichnet das prädikativ gestellte Gerundivum den Zweck einer Handlung.

① Antigonus Eumenem mortuum propinquis eius **sepeliendum** *tradidit*.	Antigonus *übergab* den toten Eumenes seinen Verwandten **zur Bestattung**. (damit sie ihn bestatteten)
② Caesar naves veteres **reficiendas** *curavit*.	Caesar *ließ* die alten Schiffe **wiederherstellen**.
③ Alexander Aristoteli **erudiendus** *datus est*.	Alexander *wurde* dem Aristoteles **zur Erziehung** *übergeben*.

2.2 Die Gerundiv-Konstruktion läßt sich bei dieser Verwendung im Deutschen wiedergeben:

- mit einem **Präpositionalgefüge**, das aus einer zweckangebenden Präposition und einem Vorgangssubstantiv besteht ① ③,
- mit einem **Finalsatz** (nur gelegentlich) ①,
- mit einem **Infinitiv** bei *curare* (im Deutschen: *lassen*) ②.

18 Mehrdeutige Konjunktionen

Zusammenstellung

Das Lateinische hat einige mehrdeutige Konjunktionen. Da die Konjunktionen Signale sind, die in einem Text den Sinnablauf regeln, hat sie der Übersetzende genau zu kennen. Nur durch die Identifizierung der Funktion und Bedeutung der einzelnen Konjunktionen läßt sich der logische Aufbau der dargestellten Gedanken richtig erfassen.

Aus diesem Grunde sind die Funktionen und Bedeutungen der wichtigsten Konjunktionen nachfolgend zusammengestellt. Dazu sind die Stellen angegeben, wo sie innerhalb des Buches im einzelnen behandelt sind.

1. CUM

Funktion	Modus (Tempus)	Bedeutung	Fundstelle
unterordnende Konjunktion:			
relativum	*Indikativ*	(damals) **als** (dann) **wenn**	K. 1: 2.2
inversum	*Ind. Perfekt*	**als; da**	–
iterativum	*Ind. Impf./ Plusquamp.*	(jedesmal) **wenn** **sooft**	K. 1: 2.3
temporale *(cum primum)*	*Ind. Perfekt*	**sobald** (als)	K. 1: 2.4
coincidens	*Indikativ*	**indem; dadurch, daß**	–
historicum	*Konj. Impf./ Plusquamp.*	**als; nachdem**	K. 1: 2.1
modale	*Konjunktiv*	**wobei**	K. 2: 2.3.2
causale	*Konjunktiv*	**da; weil**	K. 2: 2.1
quippe cum		da ja	
praesertim cum		zumal da	
concessivum	*Konjunktiv*	**obwohl; wenn auch** **wenngleich; wo doch**	K. 2: 2.3 u. 2.3.1
adversativum	*Konjunktiv*	**während** (dagegen)	K. 2: 2.3.2
beiordnende Konjunktion:			
anreihend			
cum (. . . tum)		sowohl (. . . als auch)	

1.1 *Zu beachten:*

cum ist auch Präposition mit Ablativ: *mit*

2. UT

Funktion	Modus (Tempus)	Bedeutung	Negation	Fundstelle
final	*Konjunktiv*	**daß** (in Begehrenssätzen);	ne	K. 4: 2.1
		damit (in Finalsätzen);	ne	K. 2: 2.4
		daß nicht (bei Verben des Fürchtens)		K. 4: 2.2
quo (=ut eo)		damit dadurch; damit umso		K. 2: 2.4
behauptend	*Konjunktiv*	**daß**	non	K. 4: 2.5
konsekutiv	*Konjunktiv*	**daß; so daß**	non	K. 2: 2.2
temporal	*Ind. Perf.*	**sobald** (als)	non	K. 1: 2.4
komparativ	*Indikativ*	**wie**	non	K. 3: 3.2.2 u. 3.2.3
ut ... ita		zwar ... aber		
quam ut		zu ... als daß		
ut si		wie wenn		K. 3: 3.2.2
konzessiv	*Konjunktiv*	**angenommen, daß; wenn auch**	ne	K. 2: 2.3

2.1 *Zu beachten:*

ut ist auch Fragepronomen in indirekten Fragesätzen: *wie* (K. 5: 3.1)

3. QUOD

Funktion	Modus	Bedeutung	Fundstelle
faktisch	*Ind./Konj.*	**daß; wenn**	K. 5: 2.1; 2.2; 2.2.2
eo magis, quod	*Indikativ*	umso mehr, als	K. 5: 2.2
non quod (quo)	*Konjunktiv*	nicht als ob	K. 5: 2.2.4
non est, quod	*Indikativ*	es besteht kein Grund, daß	K. 5: 2.2; K. 6: 2.3.3
nisi quod	*Indikativ*	außer, daß	–
praeterquam, quod	*Indikativ*	abgesehen davon, daß	–
quam quod		als daß	
kausal	*Indikativ*	**weil; da**	K. 2: 2.1
einschränkend	*Konjunktiv*	**soviel; soweit**	K. 6: 2.4

3.1 *Zu beachten:*

quod ist auch

1. das Neutrum des **Relativ-Pronomens**: *das/welches/was*;

2. das Neutrum des **relativen Satzanschlusses**: *dieses* (s. K. 8: 2);

3. adjektivisches **Fragepronomen**: *welches?* (s. K. 5: 3.1).

19 Begriffe

1. Zum Übersetzen von Begriffen

Zwei Sprachen entsprechen sich weder in ihrer grammatischen Struktur noch im Bestand und Umfang ihrer Begriffe; das bestätigt schon ein Vergleich zweier moderner Sprachen und wird am Gegensatz einer antiken und modernen Sprache noch augenfälliger.
Gerade Begriffe, die das politische, soziale, ethische, geistige oder philosophische Wertsystem einer Sprache konstituieren, haben einen festumrissenen, prägnanten Inhalt, der nur aus dem Selbstverständnis des fremden Volkes und der dieses repräsentierenden Denker voll erfaßbar wird.
Bloße *Wortgleichungen* haben sich aus Gründen des rationellen Spracherlernens zunächst in der Unterstufe als nützlich und notwendig erwiesen; sie sind aber für eine Übersetzung, die die angemessene Grundlage für eine tiefgreifende Interpretation sein soll, vielfach unzureichend. Die lateinischen Begriffe sind zumeist in ihrem Umfang weiter und differenzierter; sie haben eine eigene wirkungsvolle Atmosphäre.
Deshalb erscheint es beim Übersetzen von Kern- oder Leitbegriffen oft notwendig, sich zunächst in einem ersten Arbeitsschritt deren Inhalt voll zu vergegenwärtigen, ihn in eine Vielheit von Teilbedeutungen auseinanderzulegen und dann die spezielle Nuance des Begriffes an der zu übersetzenden Stelle umschreibend herauszuarbeiten. Die endgültige Übersetzung verlangt freilich dann wieder eine eindeutige Wiedergabe mit einem deutschen Begriff, der die für die betreffende Stelle gefundene Sinnuance einigermaßen abdeckt. Die Übersetzung ist dann oft nur eine behelfsmäßige Lösung; es gehen dem lateinischen Begriff die mitschwingenden Ober- und Untertöne verloren; die nur aus der Gesamtheit seiner Bedeutungen kommende Strahlkraft des Begriffes ist im Deutschen verblaßt.

2. Lateinische Begriffe im Sinnbezirk des Geistig-Seelischen

Als Beispiel für den Umgang mit Begriffen beim Übersetzen lateinischer Texte seien einige Kernbegriffe aus dem Sinnbezirk des Geistig-Seelischen vorgeführt:

ratio, *animus*, *mens*, *ingenium*, *consilium*, *spiritus*, *intellectus*, *sapientia*, *prudentia*, *ars*

2.1 Der inhaltliche Umfang dieser Begriffe

ratio:

(da dieser Begriff den wohl weitesten inhaltlichen Umfang hat, sei er graphisch verdeutlicht)

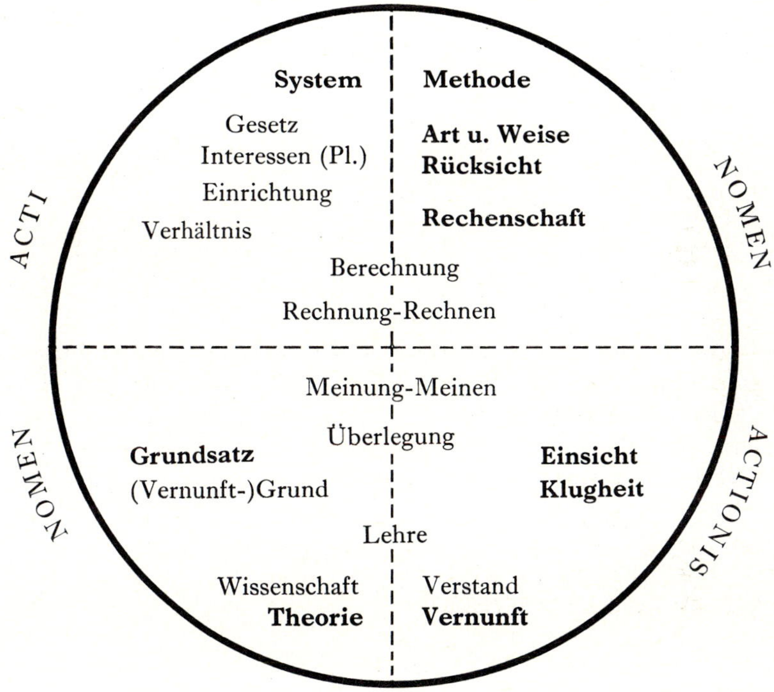

animus:

„**Seele**“, „**Geist**“ als Inbegriff aller Seelenkräfte oder geistigen Fähigkeiten (Denken, Fühlen, Wollen),
das fühlende **Herz**, **Gemüt** (als Sitz der Neigungen und Affekte), Mut, Seelenstärke, **Gesinnung**;
oft Gegenbegriff zu corpus

mens:

die Kraft zu geistiger Aktivität, **Denkkraft**, denkender Geist,
Verstand und Vernunft,
Überlegung, Besinnung, Sinn, Herz, Mut,
Sinnesart, Denkart, Gesinnung, Meinung, Absicht, Plan

ingenium:

„**natürliche Begabung**", die gesamten angeborenen geistigen Anlagen, die dem Individuum sein besonderes Gepräge geben;
Genie, **produktiver Geist**,
Phantasie, Geist, Witz;
oft Gegenbegriff zu corpus;
auch: sinnreiche Erfindung, kluger Einfall

consilium:

geistige, **planende Kraft**; besonnene, **kluge Berechnung**, **Überlegung**, Einsicht, Gedanke, **Plan**, Grundsatz, Interesse,
Meinung, **Rat**, Beschluß;
auch: Beratung, Sitzung, Versammlung

spiritus:

„Geist" von seiner energischen Seite, hoher Mut, Selbstbewußtsein, Stolz, Begeisterung;
auch: Übermut, Trotz

intellectus:

Wahrnehmen, Erkennen, Empfinden, geistiges Verständnis, Erkenntnisvermögen, Verstand, Einsicht, Vorstellung, Begriff, Bedeutung, Idee

sapientia:

Klugheit, Vernünftigkeit, höhere **Einsicht** in den Wert und Gang der Dinge, **Verstand**, **Lebensweisheit**, Philosophie;
Gegenbegriff zu stultitia

prudentia:

Erfahrung, Kenntnis, Umsicht,
heller, **praktischer Verstand**,
Lebensklugheit

ars:

jede körperliche und geistige Fähigkeit;
Gewandtheit, Kunstfertigkeit, theoretische Kenntnis;
gute oder schlechte Eigenschaft, moralisches Empfinden;
auch: Handwerk, Kunst, Theorie, Wissenschaft, Lehrsystem

2.2 Das Wortfeld für die Begriffe des Geistig-Seelischen

Es gibt im Lateinischen viele Begriffe, die das Geistig-Seelische ausdrücken; sie liegen inhaltlich nahe beieinander. Und doch lassen sich zwei Bedeutungsbereiche unterscheiden, in denen sie auftreten:

1. im Bereich der intellektuellen Fähigkeiten
   (dabei mehr praxisbezogen oder mehr theoriebezogen),
2. im Bereich der seelisch-ethischen Haltung
   (dabei mehr emotional ausgerichtet oder mehr rational ausgerichtet).

2.2.1 Ordnen wir nach diesen Kriterien die Begriffe des Geistig-Seelischen im folgenden zu einem Wortfeld zusammen:

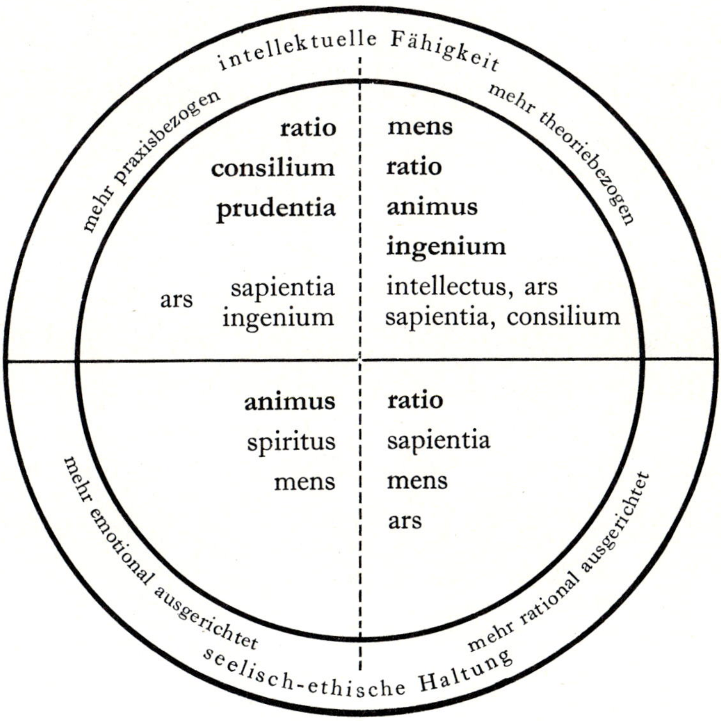

2.2.2 Es läßt sich feststellen:

Sehr viele Begriffe treten in mehreren Bedeutungsbereichen zugleich auf; ihr Inhalt ist sowohl intellektuell als auch ethisch geprägt. Die einzelnen Begriffe zeigen allerdings in bestimmten Bereichen Schwerpunkte ihrer Verwendung. Der Übersetzende hat jeweils aus dem Kontext die besondere Sinnuance zu erschließen; dabei wird er erkennen, daß sich an bestimmten Stellen die Begriffe inhaltlich kaum unterscheiden; sie sind *synonym* gebraucht; z. B. *animus* und *ingenium* als Gegenbegriff zu *corpus.*

Doch lassen sich auch bei fast synonymen Begriffspaaren kleine Unterschiede in der Sinnakzentuierung feststellen und ausdrücken; z. B.:

mens et ratio	Denkkraft und Verstand
ratio et consilium	Verstand und planende Kraft
ars et ratio	Theorie und Methode

Derartige Doppelausdrücke können jedoch gelegentlich auch als „Hendiadyoin“[1] aufgefaßt werden; z. B.:

ars et ratio	eine geschickte Methode
consilium ratioque	eine vernünftige Planung

---

[1] Griechischer Terminus für einen Doppelbegriff, bei dem „ein Inhalt durch zwei Wörter“ ausgedrückt wird.

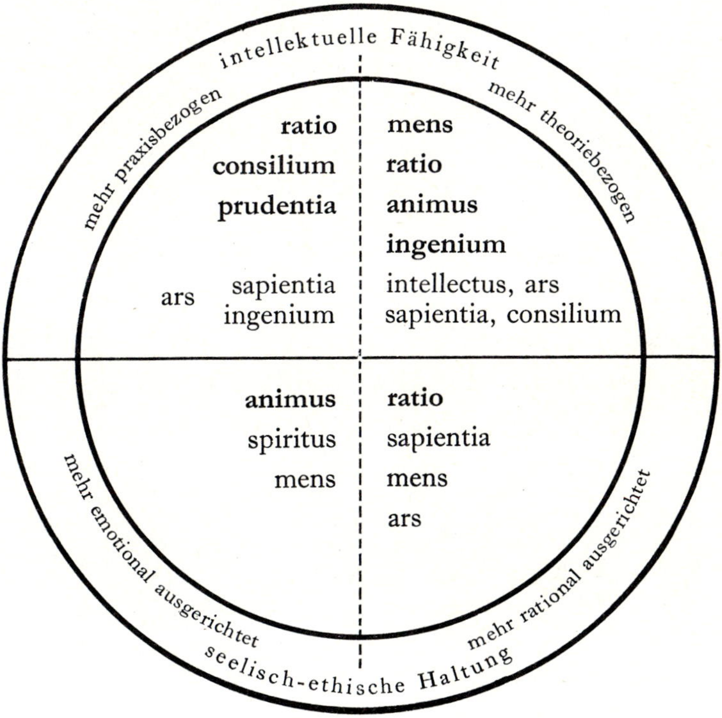

20 Stilmittel

1. Das rhetorische Element in den antiken Texten

Das Lateinische ist, so wie es sich uns in den überlieferten Texten darbietet, eine *Kunstsprache* – größtenteils auch in den Prosawerken.

Dies liegt darin begründet, daß die Römer ebenso wie die Griechen einen unvergleichlich höheren Wert auf die Form der Darstellung, auf den *Stil* legten. Wir erkennen hier eine Charakteranlage der antiken Völker: Die Griechen besaßen das Gefühl für Schönheit und Harmonie und die Kraft zu plastischer Gestaltung des Gefühlten; die Römer als die nächsten Geistesverwandten machten sich durch die Kraft ihres guten Willens und ihre Fähigkeit, sich anzupassen, – wenigstens bis zu einem gewissen Grade – deren empfindsamen Sinn für die reine, in sich selbst ruhende Schönheit der Form eigen. Dabei besitzt die lateinische Prosa gegenüber der griechischen den Vorzug der nervigen, geballten Kraft, der Monumentalität. Zugleich ist in der römischen Prosa – wie auch in der griechischen – ein starkes psychologisches Moment unverkennbar; die zur Verfügung stehenden Kunstmittel dienen dem *Ausdruck* psychischer Entladungen oder sollen einen *Eindruck*, d.h. psychologische Wirkungen, hervorrufen.

Die antike Literatur wirkt deshalb nicht allein durch den Wert der in ihr dargestellten Inhalte, sondern auch durch ihre künstlerische Vollendung; beide Aspekte schließen sich zu einer unauflöslichen Einheit zusammen. Der Übersetzende kann das nur schwer nachempfinden, kaum nachgestalten. Die Kunst der Rede übte im Altertum „eine wahre Zaubermacht auf die Gemüter der Menschen“ (Eduard Norden) aus; derartiges ist dem modernen, zumal deutschen Empfinden nahezu fremd.

Wir müssen uns aber dieses rhetorischen Elements in den antiken Texten stets bewußt sein; dieses tritt vornehmlich in der Wortstellung zutage. Es haben sich besondere Stilfiguren und Kompositionseigenheiten ausgeprägt. Hier sollen nun zunächst – auf engem Raum – einige der wichtigsten Stilmittel vorgestellt werden. Die Auswahl beschränkt sich dabei vornehmlich auf solche Erscheinungen, die Übersetzungsschwierigkeiten bedingen und an Originalsätzen eingeübt werden sollen.[1]

---

[1] Weitere häufig vorkommende Stilmittel sind im Anhang I, S. 181 ff., zusammengestellt.

2. Wichtige Stilmittel

2.1 Die Betonung am Satzanfang und Satzende

Im Lateinischen ist die gewöhnliche Wortstellung:

Subjekt – Objekt/Adverb/adverbiale Bestimmung – Prädikat.

Ohne Rücksicht auf diese Wortfolge rücken Wörter und Begriffe, die eine stärkere Betonung erhalten sollen, an den Satzanfang oder an das Satzende.

2.1.1 Am *Satzanfang* werden Wörter und Begriffe besonders dann betont hervorgehoben, wenn ein Gegensatz scharf gekennzeichnet wird ① ②, oder wenn ein einzelnes Wort als das wichtigste des Satzes herausgestellt wird ③. Vgl.:

① **Carthaginem** Tyrii condiderunt, **Romam** Albani.	**Karthago** haben die Tyrier gegründet, **Rom** die Albaner.
② **Condiderunt** Carthaginem Tyrii, **deleverunt** Romani.	**Gegründet haben** Karthago die Tyrier, **zerstört haben** es die Römer.
③ **Doctrina** Graecia nos superabat.	**An wissenschaftlicher Bildung** übertraf uns Griechenland.

2.1.2 An das *Satzende* treten betonte Wörter und Begriffe besonders dann, wenn der Anfang des Satzes schon durch ein anderes betontes Wort besetzt ist; im Deutschen läßt sich dies nicht nachgestalten. Vgl.:

Sub terra censebant reliquam vitam agi **mortuorum.**	*Unter der Erde,* so glaubten sie, spiele sich das übrige Leben **der Toten** ab.

Zu beachten:

2.1.3 Häufig tritt ein betontes Wort oder eine betonte Wortgruppe sogar aus dem Gliedsatz *vor die einleitende Konjunktion*; dadurch wird zuweilen auch eine enge Verbindung zum vorausgehenden Satz hergestellt. Vgl.:

Illorum vides, quam niteat oratio.	Du siehst, wie die Rede jener glänzt.
Miltiades quinquaginta talentis multatus est; **hanc pecuniam** quod solvere non poterat, in vincla coniectus est.	Miltiades wurde mit einer Strafe von 50 Talenten belegt; da er diese Summe nicht zahlen konnte, wurde er ins Gefängnis geworfen.

2.1.4 Die lateinische Wortstellung soll man in der deutschen Übersetzung soweit wie möglich beibehalten. Gelegentlich läßt sich ihre Wirkung durch *Hinzufügung hervorhebender Partikeln* oder durch *Umschreibung* zum Ausdruck bringen; vgl.:

Est, ut dicis.	Es ist *wirklich* so, wie du sagst.
Periculose navigatur hieme.	*Gefährlich ist es*, im Winter zur See zu fahren.

2.2 Hyperbaton

Innerhalb des ganzen Satzes erhalten Wörter und Begriffe eine starke Hervorhebung durch das Mittel der *Sperrung (Hyperbaton)*: zwei zu einer Einheit verbundene Wörter werden auseinandergestellt, indem ein minder wichtiges Wort oder auch mehrere dazwischen geschoben werden. Auf diese Weise werden Wörter zu einer geschlossenen Wortgruppe zusammengefaßt. Im Deutschen läßt sich dies in der Regel nicht nachahmen. Vgl.:

Brevis a natura nobis **vita** data est.	Ein kurzes Leben ist uns von Natur gegeben.
Hic **optimus** illis temporibus est **patronus** habitus.	Dieser galt in jenen Zeiten als sehr guter Schutzherr.

2.2.1 *Zu beachten:*

Ein *partitiver Genitiv* ist häufig vom Frage-, Relativ- oder Indefinitpronomen, von dem er abhängt, weit gesperrt; vgl.:

Haud scio, **quantum** ingenioso homini ad hoc opus perficiendum opus sit **temporis**.	Ich weiß nicht, wieviel Zeit ein begabter Mensch braucht, um dieses Werk zu vollenden.

2.3 Asyndeton

2.3.1 Asyndeton bei Satzteilen

Zwei-, drei- oder mehrgliedrige Begriffsreihen sind unverbunden (auch ohne Komma) nebeneinander gestellt, wenn sie als eine geschlossene Einheit empfunden werden sollen.
Am häufigsten werden so synonyme ①, seltener gegensätzliche Begriffe ③ miteinander verbunden. Alliteration begegnet dabei oft ②. Bei einem vier- oder mehrgliedrigen Asyndeton sind die Begriffe in der Regel paarweise geordnet ③.

① Omnibus **opibus viribus** elaborandum est.	Mit aller **Kraft** *und* **Macht** muß man sich einsetzen.
② Accedit **servitus sudor sitis.**	Dazu kommen **Sklavendienst, Schweiß** *und* **Durst.**
③ Dei **iratum propitium,**	Die Götter erkennen den **Zornigen** *und* **freundlich Gesonnenen,**
laetantem dolentem,	den **Fröhlichen** *und* **Betrübten,**
fortem ignavum,	den **Tapfern** *und* **Feigen,**
audacem timidumque cognoscunt.	den **Kühnen** *und* **Furchtsamen.**

2.3.2 Asyndeton bei ganzen Sätzen

Beigeordnete Sätze oder Satzteile sind unverbunden, wenn der Vortrag des Redenden den Charakter der Leidenschaft annimmt oder wenn historische Ereignisse lebhaft beschrieben oder geschildert werden. Die einzelnen nacheinander folgenden Gedanken werden so dem Hörer oder Leser **in rascher Folge** nachdrücklich zu Bewußtsein gebracht ①. Häufig besteht zwischen den unverbundenen Sätzen oder Satzteilen ein **Gegensatz** ② oder der nachfolgende Satz gibt den **Grund** einer vorausgehenden Behauptung an ③. Im Deutschen ist in solchen Fällen eine adversative *(aber)* oder kausale *(denn)* Konjunktion zu setzen.

① **Veni vidi vici.**	Ich **kam, sah** *und* **siegte.**
② **Galli** loco et numero, **nostri** virtute confidebant.	Die **Gallier** vertrauten auf den günstigen Ort und ihre Überzahl, die **Unseren** *aber* auf ihre Tapferkeit.
③ Grata erga tantam virtutem civitas erat: **statua in Comitio posita.**	Dankbar erwies sich gegenüber einer solchen Tapferkeit die Bürgerschaft; *denn* **es wurde eine Statue auf dem Komitium aufgestellt.**

2.4 Parallelismus und Chiasmus

Den Autoren der lateinischen Kunstprosa ist das – größtenteils wohl von den Griechen übernommene – Streben nach **antithetischer Gedankenführung** eigen; d.h. sie entwickeln sehr häufig die Gedanken in mehr oder weniger scharf voneinander abgehobenen Gegensätzen.

2.4.1 Das natürliche Mittel, Gedanken antithetisch zu entwickeln, ist die korrespondierende Anordnung der einander entsprechenden Satzteile: der **Parallelismus.**
Die einzelnen Satzteile stehen dabei oft unverbunden (asyndetisch) nebeneinander ① ②.

① Superavi	Ich übertraf
dignitate *Catilinam,*	an **Würde** den *Catilina,*
gratia *Galbam.*	an **Ansehen** (aber) den *Galba.*
② Ausi sunt	Sie haben es gewagt,
transire *latissimum flumen,*	den *breiten Fluß* zu **durchschreiten,**
ascendere *altissimas ripas,*	die *hohen Ufer* zu **ersteigen**
subire *iniquissimum locum.*	und an *den ungünstigen Ort* **heranzuschleichen.**

2.4.2 Ein gekünsteltes Mittel, Gegensätze durch die Stellung auszuzeichnen, ist der **Chiasmus**: Die einander entsprechenden Satzteile bestehen hier jeweils aus zwei zusammengehörenden Wörtern; diese Wortpaare sind in umgekehrter Ordnung einander gegenübergestellt[1] ① ② ③, und zwar zumeist unverbunden (asyndetisch) ②. Gelegentlich stehen auch drei Wortpaare in chiastischer Stellung ③.

① *Fragile* **corpus**	Den *hinfälligen* **Körper**
animus *sempiternus* movet.	bewegt ein immer *lebendiger* **Geist.**
② Cimbri	Die Zimbern
in proeliis **exsultant,**	**sind** *in den Kämpfen* **freudig erregt,**
lamentantur *in morbo.*	sie **jammern** hingegen *bei einer Krankheit.*

[1] Der Begriff Chiasmus kommt aus dem Griechischen: χιασμός von χιάζειν „die Gestalt eines X (Chi) machen"; in der folgenden Anordnung der Glieder wird das X in liegender Stellung erkennbar: a – b
b′ – a′

③ *Cornibus* **tauri**,	Es schützen sich die **Stiere** *mit den Hörnern*,
apri *dentibus*,	die **Eber** *mit den Zähnen*,
morsu **leones** se tutantur.	die **Löwen** aber *mit dem Biß*.

2.4.3 *Zu beachten:*

Beim Parallelismus wie auch beim Chiasmus ist das Streben des Autors nach **prägnanter Kürze** wirksam; dies äußert sich auch darin, daß für die einander parallel oder chiastisch zugeordneten Satzteile (Wortpaare) das gemeinsame Bezugsglied nur einmal ausgedrückt ist. Für den Übersetzenden ist dies nicht immer auf den ersten Blick erkennbar. Vgl.:

Et, priusquam incipias, consulto [ ]	Bevor man etwas beginnt, ist Überlegung
et, ubi consulueris, mature facto [opus est.]	und, sobald man überlegt hat, rasche Tat nötig.

Anhang I:

Zur Stilistik

In K. 20 (S. 175 ff.) sind die Stilmittel dargestellt, die Übersetzungsschwierigkeiten bereiten; deshalb ist dort auch Gelegenheit gegeben, sie anhand von Originalsätzen einzuüben.
In Ergänzung dazu werden hier weitere Stileigenheiten des Lateinischen knapp vorgeführt, soweit ihre Kenntnis für ein angemessenes Arbeiten an den Originaltexten, also für ein gutes Übersetzen nützlich und notwendig ist. Die schon behandelten Stilmittel werden jeweils nur – mit Verweis auf K. 20 – an der ihnen zukommenden Stelle genannt.

1. Zum Wortgebrauch

1.1 Der Gebrauch des Singulars

Der Singular steht im Lateinischen in *kollektiver Funktion:*

1.1.1 bei Namen von Bäumen, Garten- und Feldfrüchten und den Produkten des Ackerbaus, der Viehzucht und Industrie, wenn diese als allgemeine Stoffnamen betrachtet werden; z. B.:

Glande vescebantur.	Sie lebten von **Eicheln**.
Hae villae abundant **agno**, **gallina**, lacte, caseo.	Diese Landhäuser sind reich an **Lämmern**, **Hühnern**, Milch und Käse.

1.1.2 bei Bezeichnung von ganzen Klassen von Menschen, vor allem auf dem Gebiet des Militärischen; z. B.:

Hostis adest.	**Die Feinde** sind da. (auch: Der Feind ist da.)
Conduxerunt ex Peloponneso **militem.**	Sie warben im Peloponnes **Soldaten** an.

1.1.3 *Zu merken:*

vestis	Kleider	apparatus	Vorbereitungen
scientia	Kenntnisse	indoles	natürliche Anlagen

1.2 Der Gebrauch des Plurals

Der Plural steht bei *abstrakten Begriffen:*

1.2.1 wenn das davon Bezeichnete sich auf mehrere Personen (Gegenstände) bezieht; z. B.:

Incurres in **odia** hominum.	Du wirst **dem Haß** der Menschen verfallen.
Adversos rerum **exitus** metuebant.	Sie fürchteten **einen unglücklichen Ausgang** ihrer Unternehmungen.

1.2.2 wenn davon verschiedene Arten (Regungen, Äußerungen) des Begriffs bezeichnet werden; z. B.:

mortes	Todesarten	terrores	schreckenerregende Erscheinungen
suspiciones	Verdachtsgründe		

1.2.3 Häufig steht der Plural auch bei Wettererscheinungen; z. B.:

nives	Schneegestöber	imbres	Regenschauer
frigora	Frostwetter		

1.3 Der Gebrauch des Singulars oder Plurals beim Neutrum

Der *Singular des Neutrums* bezeichnet abstrakte (etwa moralische, philosophische) Begriffe, der *Plural des Neutrums* dagegen in konkreter Bedeutung mehrere Einzelheiten, Äußerungen oder Erscheinungen des Begriffs, z. B.:

verum	das Wahre	vera	wahre Begebenheiten
utile	das Nützliche	utilia	nützliche Dinge
iucundum	das Angenehme	iucunda	angenehme Erfahrungen

1.4 Der Gebrauch des Konkretums und Abstraktums

1.4.1 Da das Denken der Römer mehr auf das Gegenständliche gerichtet ist, herrscht in der sprachlichen Darstellung die *konkrete Ausdrucksweise* vor. Im Deutschen ist dafür zumeist eine abstrakte Wiedergabe anzustreben, z. B.:

arrogantis est	es ist ein Zeichen von Anmaßung
vir summo ingenio praeditus	ein Genie
mores	Lebenswandel, Zeitgeist
animus implacabilis	Unversönlichkeit
Caesar occisus (vgl. K. 11, 2.1.4, S. 147)	Caesars Ermordung

deum esse credimus	wir glauben an die Existenz Gottes
id, de quo agitur	das Thema
quae cum ita sint (vgl. K. 8, 2.2.1, S. 133)	unter diesen Umständen, aus diesen Gründen

1.4.2 Umgekehrt ist die Verwendung *abstrakter Substantive* anstatt konkreter Begriffe auf wenige Möglichkeiten beschränkt; im Deutschen ist hier zumeist die Übersetzung mit einem Konkretum erforderlich; z. B.:

prudentia civili praestare	als Staatsmann hervorragen
desiderium	das Ziel der Sehnsucht
opinio erroris plena	eine irrige Meinung

1.5 Die objektive und subjektive Bedeutung von Substantiven

Zahlreiche Substantive haben neben der objektiven auch eine subjektive Bedeutung, z. B.:

officium	Pflicht – Pflichtgefühl
gloria	Ruhm – Ruhmsucht
libertas	Freiheit – Freiheitssinn

Verschiedene Verbalsubstantive werden demnach *aktivisch* und *passivisch* aufgefaßt, z. B.:

admiratio	das Bewundern – das Bewundertwerden
opinio	die Meinung – der (gute/schlechte) Ruf

2. Zu den Tropen

Unter Tropen versteht man „Wendungen" (gr. τρόποι) in übertragener Bedeutung, also in uneigentlicher Redeweise.

2.1 **Metonymie** (gr. μετωνυμία: „Namensvertauschung") ist die Ersetzung eines Begriffs durch einen anderen, der mit dem eigentlichen Ausdruck in gedanklicher Verbindung steht; z. B.:

Mars	für	bellum	Ceres	für	frumentum
ferrum	für	gladius	iuventus	für	iuvenes

Cedant **arma togae**, concedat laurea laudi!	Es möge **der Krieg dem Frieden**, der Lorbeer der rühmlichen Tat nachstehen!

2.2 **Personifikation** (gr. προσωποποιία) ist das Einkleiden abstrakter Begriffe oder lebloser Dinge in menschliche Persönlichkeiten; z. B.:

Cn. Pompeio duce tanti belli **impetus navigavit.**	Unter der Führung des Cn. Pompeius **ist das Ungestüm** eines so gewaltigen Krieges **zur See gefahren.**

2.3 **Metapher** (gr. μεταφορά: „Übertragung") ist die bildliche Übertragung (besonders eines konkreten Begriffes auf einen abstrakten) infolge eines Vergleiches; z. B.:

fulmina fortunae	Schicksalsschläge
gurges libidinum	ein Pfuhl von Leidenschaften
duo illi oculi orae maritimae, Carthago et Corinthus	jene beiden Augen der Meeresküste, Karthago und Korinth
Fabius **scutum** Romanorum fuit, Marcellus **gladius.**	Fabius war **der Schild** der Römer, Marcellus **das Schwert.**
Cicero in **portum philosophiae** confugit.	Cicero nahm **in den Hafen der Philosophie** Zuflucht.

2.4 **Synekdoche** (gr. συνεκδοχή: „Miterfassung") ist die Wahl eines engeren Begriffs statt des umfassenderen, insbesondere des Teils statt des Ganzen *(pars pro toto)* und des Ganzen für das ihm zugehörige Einzelne; z. B.:

tectum/limen	für	domus
puppis	für	navis
elephantus	für	ebur

Iussi sunt armati postero die ad **limen** consulis adesse.	Sie erhielten den Befehl, sich am folgenden Tag in Waffen beim **Haus** des Konsuls einzufinden.

2.5 **Hyperbel** (gr. ὑπερβολή: „Übertreibung") ist die übertreibende Darstellung eines Gegenstandes, wenn dieser etwas Außerordentliches an sich hat, welches das natürliche Maß überschreitet; z. B.:

nive candidior (weißer als Schnee:)	schneeweiß
Pompeius plura bella gessit, quam ceteri legerunt.	Pompeius hat mehr Kriege geführt, als die anderen durch Lektüre kennengelernt haben.

2.6 **Litotes** (gr. λιτότης: „Schlichtheit", „Verkleinerung") ist die Wahl eines negativen Ausdrucks statt des stärkeren positiven; z. B.:

non ignoro ich weiß wohl	haud raro sehr oft
Polybius **haudquaquam spernendus** auctor erat.	Polybius war **ein keineswegs zu verachtender** (ein hervorragender) Schriftsteller.

2.7 **Ironie** (gr. εἰρωνεία: „Verstellung") ist die spöttische Bezeichnung durch das Gegenteil; z. B.:

Gallia vastatur; quae pax potest esse certior?	Gallien ist verwüstet; welcher Friede kann sicherer sein?

3. Zu den rhetorischen Figuren

Unter rhetorischen Figuren versteht man Kompositionseigenheiten, die der sprachlichen Darstellung ein kunstvolles Gepräge geben; sie können sowohl die Wahl der Wörter als auch deren Stellung zueinander betreffen (zur Wortstellung s. K. 20, 2.1, S. 176f.).

3.1 **Alliteration** ist die Wiederkehr des gleichen Anlauts in aufeinander folgenden Wörtern; z. B.:

multa **m**ala **m**agnusque **m**etus	viel Unheil und große Furcht
Vestra **v**is **v**aluit.	Eure Kraft war stark.

3.2 **Onomatopoiie** (gr. ὀνοματοποιία) ist die „Lautmalerei"; z. B.:

Quamvis sint sub **aqua,** sub **aqua** maledicere temptant.	Mögen sie (die Frösche) auch unter Wasser sein, unter Wasser versuchen sie noch zu schmähen.

3.3 **Oxymoron** (gr. ὀξύμωρον: „scharfsinniger Unsinn") ist die enge Verbindung widersprechender Begriffe zu einer Einheit; z. B.:

summum ius, summa iniuria	höchstes Recht, höchstes Unrecht
magnas inter opes inops	unter großen Schätzen arm

3.4 **Iteratio** (gr. παλιλλογία) ist die Wiederholung desselben Wortes oder desselben Ausdrucks; z. B.:

Erit, erit illud profecto tempus.	**Es wird, es wird** in der Tat jene Zeit kommen.
Inter quos est **communio** legis, inter eos **communio** iuris est.	Unter welchen **eine Gemeinschaft** des Gesetzes herrscht, unter denen herrscht auch **eine Gemeinschaft** des Rechts.

3.5 **Anapher** (gr. ἀναφορά: „Wiederholung“) ist die Wiederaufnahme des gleichen Wortes am Anfang von Sätzen oder Satzteilen; z. B.:

Scipio Carthaginem delevit, **Scipio** Numantiam sustulit, **Scipio** pacem peperit, **Scipio** civitatem servavit.	**Scipio** hat Karthago zerstört, **Scipio** hat Numantia ausgelöscht, **Scipio** hat den Frieden geschaffen, **Scipio** hat (endlich) den Staat gerettet.

3.6 **Asyndeton** s. K. 20, 2.3, S. 177f.

Parallelismus – **Chiasmus** s. K. 20, 2.4, S. 178ff.

3.7 **Antithese** (gr. ἀντίθεσις: „Gegenstellung“) ist die asyndetische Gegenüberstellung von Gegensätzen; z. B.:

Bellum Cn. Pompeius extrema **hieme apparavit,** ineunte **vere suscepit,** media **aestate confecit.**	Den Krieg hat Cn. Pompeius **am Ende des Winters** vorbereitet, **zu Frühlingsbeginn** unternommen, und **mitten im Sommer** beendet.

3.8 **Klimax** (gr. κλίμαξ: „Treppe“, „Leiter“) ist die Steigerung vom weniger Bedeutenden zum Wichtigeren; z. B.:

Facinus est **vincire** civem Romanum, **scelus verberare,** prope **parricidium necare.**	**Eine Schandtat** ist es, einen römischen Bürger **zu fesseln,** ein **Verbrechen**, ihn **zu schlagen,** beinahe **Hochverrat**, ihn **zu töten.**

3.9 **Zeugma** (gr. ζεῦγμα: „Verbindung“) ist die Beziehung zweier oder mehrerer Substantive auf ein Verbum, das dem Sinne nach nur zu einem von ihnen paßt; z. B.:

Locus **acervis** corporum et civium **sanguine** *redundavit.*	Der Ort quoll von Leichen**haufen** und **vom Blut** der Bürger über.

3.10 **Ellipse** (gr. ἔλλειψις: „Ausbleiben", „Auslassen") ist die Weglassung eines oder mehrerer Wörter, besonders in kurzen, behauptenden Sätzen (Sentenzen), zu denen sich das Fehlende teils von selbst, teils auch aus der Kenntnis der Sprache des gewöhnlichen Lebens ergänzt. Sehr häufig ist die Auslassung der Kopula *est/sunt;* z. B.:

Ne quid nimis (erg. *fiat*)!	Nichts soll im Übermaß geschehen!
Iucundi (erg. *sunt*) acti labores.	Angenehm sind die verrichteten Arbeiten.
Quid vero ille M. Cato?	Wie steht es mit M. Cato?

4. Zum Periodenbau

Unter einer Periode versteht man ein Satzgefüge, das aus einem Hauptsatz und einem Gliedsatz besteht oder – in der Regel – aus einem Hauptsatz und mehreren Gliedsätzen.

Der Hauptsatz und die Gliedsätze stehen im Satzgefüge in einer überschaubaren logischen Ordnung zueinander. Im Lateinischen spielt dabei außerdem das Moment des Rhythmus eine entscheidende Rolle: Die lateinische Periode ist nicht nur als ein grammatisch-logisches, sondern in erster Linie als ein rhythmisch-musikalisches Ganzes zu verstehen.

Die Gliedsätze können an verschiedenen Stellen und in verschiedenen Graden dem Hauptsatz untergeordnet *(subordiniert)* sein.

4.1 Hauptsatz mit einem Gliedsatz

Der Gliedsatz (1. Grades: GS_1) kann **nach** oder – häufig bei Betonung – **vor** dem Hauptsatz stehen; z. B.:

Non ad scelus nascimur, cum simus sociale animal atque commune.	*Schema:* **HS** – GS_1 „fallende" Periode
Ut in perpetua pace esse possitis, **providebo.**	*Schema:* GS_1 – **HS** „steigende" Periode

4.1.1 *Zu beachten:*

Der Hauptsatz ist sehr häufig durch einen dazwischen geschobenen Gliedsatz unterbrochen; z. B.:

T. Manlius Torquatus filium
suum, quod is contra imperium
in hostem pugnaverat,
necari iussit.

Schema:
HS→ – GS_1 – ←**HS**

4.1.2 Betonte Satzglieder, die einem Haupt- und Gliedsatz gemeinsam sind, treten an die Spitze des Satzgefüges; in der Regel ist dies das Subjekt; z.B.:

Caesar
postquam in Treveros venit,
Rhenum transire constituit.

Nachdem **Caesar** in das Gebiet der Treverer gekommen war, beschloß **er**, den Rhein zu überschreiten.

Pompeius **Cretensibus**,
cum ad eum legatos misissent,
obsides imperavit.

Als die **Kreter** zu Pompeius Gesandte schickten,
befahl er **ihnen** die Stellung von Geiseln.

4.2 Hauptsatz mit mehreren Gliedsätzen gleichen Grades

Mehrere Gliedsätze gleichen (1.) Grades können den Hauptsatz einrahmen oder ihm gelegentlich auch vorausgehen; z.B.:

Ubi redieris,
librum tibi dabo,
si postulabis.

Schema:
GS_1 – **HS** – GS_1
„steigende und fallende“ Periode

Cur nolint,
etiamsi taceant,
satis dicunt.

Schema:
GS_1 – GS_1 – **HS**

4.3 Hauptsatz mit mehreren Gliedsätzen verschiedenen Grades

Mehrere Gliedsätze verschiedenen (1., 2., 3. usw.) Grades können dem Hauptsatz an verschiedenen Stellen zugeordnet sein.

Animus occupatur ab iracundia,
antequam providere ratio potuit,
ne occuparetur.

Schema:
HS – GS_1 – GS_2

Ut eos veneficio[1] petat,
quos tantopere timeat,
necesse est.

Schema:
GS_1 – GS_2 – **HS**

---

[1] *veneficium, -i* Vergiftung, Gifttrank

Caesar Helvetios impedivit,
quominus in Gallia considerent,
cum intellegeret magno cum
periculo provinciae futurum,
ut homines bellicosos,
populi Romani inimicos,
finitimos haberet.

Schema:
HS – GS_1 – GS_2 – GS_3

4.3.1 *Zu beachten:*

In einem mehrgliedrigen Satzgefüge sind häufig Gliedsätze durch andere dazwischengeschobene Gliedsätze unterbrochen.

Ut homines fidem colere et
iustitiam retinere discerent,
qui tandem fieri potuit,
nisi ea,
quae ratione invenissent,
eloquentia persuadere potuissent?

Schema:
GS_1 – **HS** – $GS_1 \rightarrow$ – GS_2 – $\leftarrow GS_1$

4.4 Die historische und oratorische Periode

Die zu einer Periode zusammengefügten Haupt- und Gliedsätze können ganz besondere Aufgaben erfüllen.

4.4.1 Dem **Historiker** (vor allem Caesar und Livius) dient die Periode dazu, eine Begebenheit, die durch einen oder mehrere Umstände näher bestimmt ist, übersichtlich und deutlich darzustellen; dabei sind die Sätze streng nach dem zeitlichen Ablauf geordnet, die Gliedsätze sind vorherrschend in den Hauptsatz eingeschaltet. Die Zeitbestimmungen sind abwechselnd durch temporale Gliedsätze, Ablative mit Partizip und Participia coniuncta ausgedrückt. Man spricht hier von der **historischen Periode.**

Vgl.: Livius, Ab urbe condita I 6:

Numitor
inter primum tumultum hostes invasisse urbem atque
adortos regiam *dictitans*,
cum pubem Albanam in arcem praesidio armisque obtinendam *avocasset*,
postquam iuvenes perpetrata caede ad se gratulantes *vidit*,
extemplo *advocato consilio*
scelera in se fratris, originem nepotum,
ut geniti, ut educati, ut cogniti essent,
caedem deinceps tyranni seque eius auctorem
ostendit.

4.4.2 Dem **Redner** dient die Periode dazu, einen Gedanken in mehreren zu einem Ganzen vereinigten Sätzen übersichtlich und deutlich auszudrücken; dabei spielt die schmuckvolle Ausgestaltung (Ebenmaß und Rhythmus) eine wesentliche Rolle. Das Satzgefüge ist in der Regel in Vorder- und Nachsatz gegliedert, die einander gegenüberstehenden Sätze und Satzglieder korrespondieren. Man spricht hier von der **oratorischen Periode.**

Vgl. Cicero, Pro Archia I 1:

Si quid est in me ingenii, iudices,
quod sentio quam sit exiguum,
aut si qua exercitatio dicendi,
in qua me non infitior mediocriter esse versatum,
aut si huiusce rei ratio aliqua ab optimarum
artium studiis ac disciplina perfecta,
a qua ego nullum confiteor aetatis meae
tempus abhoruisse:
earum rerum omnium vel imprimis hic A. Licinius
fructum a me repetere prope suo iure debet.

Anhang II:

Zur Übersetzungstechnik

1. Was bedeutet das Übersetzen antiker Texte?

1.1 Das Übersetzen antiker Texte ist eine unvermittelte, nicht manipulierbare dialogische Begegnung mit den ersten Vorbildern, die Europa geprägt haben. Es ist also im eigentlichen Sinne ein Gespräch, und zwar „ein Gespräch über einen Zeitabstand hinweg" (Gadamer). Der *Zeitabstand* ist in diesem Falle sehr lang. Übersetzen ist also, so kann man sagen, ein **Sonderfall von sprachlicher Kommunikation.** Im Übersetzungsvorgang werden gewissermaßen Informationen vermittelt. Diese sind in einer fremden Sprache, der sogenannten *Ausgangssprache*, geschrieben; sie werden vom Übersetzenden ‚entschlüsselt' *(decodiert)* und in einer anderen Sprache, der sogenannten *Zielsprache*, wiedergegeben; in der Regel ist dies die Muttersprache.
Die Wiedergabe in der Zielsprache soll dem Original genau sinnentsprechend sein; das bedeutet, daß der in der Ausgangssprache vorgegebene *Informationsgehalt* in der Zielsprache möglichst vollständig erfaßt wird. Dies stößt auf Schwierigkeiten, weil sich zwei Sprachen in ihren Begriffen und Wörtern sowie in den *syntaktischen Strukturen* oft nicht völlig zur Deckung bringen lassen. Je ferner sich zwei Sprachen in Wortschatz und Syntax stehen, desto weniger vollständig kann eine Übersetzung das Original erfassen; sie ist vielfach nur eine Annäherung an das Original.
1.2 Gerade der Unterschied in den sogenannten *sprachlichen Kategorien*, der sehr häufig zwischen Ausgangs- und Zielsprache feststellbar ist, stellt den Übersetzenden vor Probleme. Er ist zu einem **„Akt kategorialen Umdenkens"** (K.H. Schmidt) gezwungen, das bedeutet: er muß für die fremdsprachliche Kategorie in der Zielsprache eine einigermaßen zutreffende Entsprechung suchen. Die sprachlichen Kategorien haben sogenannte ‚Umgebungsklassen'; das sind die formalen und syntaktischen Strukturen (Konstruktionen), in denen sie ausgedrückt werden. Diese sind von Sprache zu Sprache mehr oder weniger verschieden; hier fordert das Übersetzen ein **‚Umsetzen' der Strukturen.** Die in der Ausgangssprache gegebenen Informationen werden dabei aus ihren Strukturen gelöst und in die dafür entsprechenden Strukturen der Zielsprache gesetzt. Kategoriales Umdenken und strukturelles Umsetzen ist beim Übersetzen der fremden antiken Texte in einer kaum überbietbaren Weise gefordert. Der Übersetzungsvorgang zwingt hier zu einem äußerst konzentrierten Nachdenken über das System der Zielsprache, also der Muttersprache. Dem Übersetzenden werden dabei die Möglichkeiten seiner eigenen Sprache bis in ihre feinsten Schattierungen nachhaltig bewußt.

1.3 Sprache ist ein *Zeichen- und Funktionssystem*, in dem grammatische Einheiten in eine geordnete Beziehung zueinander gebracht sind. Diese Beziehungen regeln bestimmte sprachliche Elemente (Endungen des Nomens/des Verbums, Präpositionen, Konjunktionen u.ä.); sie signalisieren durch die ihnen eigenen Merkmale die jeweilige Leistung im Ordnungsgefüge des Satzes. Der Übersetzende muß die Beziehungen der grammatischen Einheiten an diesen Merkmalen identifizieren; nur so gelingt es ihm, Schritt für Schritt das fremdsprachliche Beziehungssystem ‚aufzulösen' *(zu analysieren)*, die darin enthaltenen Informationen zu erfassen und in einem gleichzeitig ablaufenden Denkvorgang in die Strukturen seiner eigenen Sprache umzusetzen. Die Informationen umsetzen heißt hier sie in der Zielsprache zu einer gedanklich nachvollziehbaren, logisch widerspruchsfreien Sinnkette zu verbinden. So ist das Übersetzen ein fortwährender **Anlaß zu analytischem und logischem Denken**.

1.4 Die *syntaktischen Strukturen* sind mit einem Gerüst zu vergleichen; sie geben dem Bausystem der Sprache von innen her festen Halt. Sprache konkretisiert sich in den Ordnungseinheiten der Sätze. Innerhalb eines Satzes erfüllen die syntaktischen Strukturen bestimmte Aufgaben *(Funktionen)*: sie sind Glieder des Satzes. Diese Satzglieder sind das Subjekt, das Prädikat, das Objekt, das Adverbiale und das Attribut.
Für die einzelnen Funktionen können verschiedene grammatische Strukturen zuständig sein, einfache (z.B. Kasusangaben) und komplexe (z.B.: Partizipial- oder Gliedsatzangaben). Vor allem aus dem statistischen Befund läßt sich erschließen, daß bestimmte Strukturen zur Angabe einer Funktion vorrangig, andere nur zweitrangig, wieder andere nur drittrangig zuständig sind. Man spricht deshalb von Primär-, Sekundär- und Tertiärstrukturen. Die Primärstrukturen werden von den Sekundär- bzw. Tertiärstrukturen ersetzt *(substituiert)*. Sie sind sogenannte *Substitutionsformen*. Häufig allerdings stehen für eine Funktion mehrere Strukturen als konkurrierende Alternativen gleichrangig zur Verfügung. Die verschiedenen für eine Funktion möglichen Strukturen geben in der Regel eine inhaltlich gleiche Information an; ihr Wechsel ist zumeist vom stilistischen Prinzip der *variatio* bedingt; zuweilen aber ist ein besonderer Sprachgebrauch für die Verwendung einer Struktur verantwortlich.
Der Übersetzende muß alle Strukturen genau kennen und ihre Leistung im Satz bestimmen können. Er wird die Funktion einer Einzelstruktur ständig in ihrer Beziehung zu den anderen Satzfunktionen sehen und auf diese Weise das Ganze des Satzes im Blick behalten. Das Einzelne wird immer in Verbindung zum Ganzen gebracht und die Schlüssigkeit des Ganzen immer am Einzelnen überprüft. So ist Übersetzen eine dauernde **Anregung zu geistiger Kombination und Kontrolle**.

1.5 Doch nicht nur der Satz, sondern letztlich die Summe aller Sätze, der *Text*, sollte dem Übersetzenden stets vor Augen bleiben; nur so wird ihm das fremdsprachliche Gebilde als ‚*Kosmos*' begreifbar, als eine in sich ruhende geordnete Einheit von Gedanken und Erfahrungen, die ein fremdes Individuum geschaffen hat und die er nun mit den Mitteln und aus dem Geiste seiner eigenen Sprache schöpferisch nachzugestalten versucht. Übersetzen ist immer auch ein **kreativer Prozeß** und wird in seinen anspruchsvollen Formen zu einer Art von Kunst.

2. Wie geht das Übersetzen vor sich?

An einem konkreten Beispiel sollen die strukturelle Differenz der lateinischen und deutschen Sprache und die sich daraus für das Übersetzen ergebenden Konsequenzen verdeutlicht werden.

2.1 Finalbestimmungen im Lateinischen

Finalbestimmungen stehen im Lateinischen in verschiedenen Konstruktionen. So kann beispielsweise die Finalbestimmung **‚zur Rettung des Staates'** folgendermaßen ausgedrückt sein:

① ut conservem rem publicam	**Finalsatz**
② rem publicam conservaturus	**Partizipialkonstruktion**
③ ad rem publicam conservandam	**Gerundiv** – **mit ad**
④ rei publicae conservandae causa	**Gerundiv** – **mit causa**
⑤ rem publicam conservatum	**Supin**

Für Finalbestimmungen ist im allgemeinen der **ut-Satz** ① vorrangig zuständig; jedoch hat sich für derartig kurze finale Angaben im lateinischen Sprachgebrauch das **Gerundiv** mit ad ③, seltener mit causa ④ eingeschliffen. In solchen Fällen ist das Gerundiv nicht nur eine Substitutionsform für den Finalsatz, sondern eine gleichwertige, sogar bevorzugte Alternative. Ist die Finalbestimmung durch zusätzliche Angaben erweitert (etwa: ‚*um durch tapferen Einsatz zusammen mit allen Bürgern die Stadt zu retten*'), dann ist der ut-Satz die dominierende Konstruktion. Die dafür ebenso mögliche Konstruktion des **Partizip Futur** ② *(‚virtute rem publicam simul cum omnibus civibus conservaturus')* ist nur, da seltener vorkommend, zweitrangig, also eine Sekundärkonstruktion. Der Gebrauch des **Supins** ⑤ ist auf eine besondere Sinnkonstellation (nach Verben der Bewegung) beschränkt; das Supin substituiert nur in begrenztem Umfang den Finalsatz, es kommt ihm bei der Erfassung

von Finalbestimmungen – auch sein seltenes Vorkommen bestätigt dies – eine drittrangige Rolle zu.
Dieses allgemeine Erscheinungsbild der lateinischen Struktur können *Stileigenheiten der Autoren*, die die eine oder andere Konstruktion bevorzugen, in einer spezifischen Weise modifizieren.

2.2 Finalbestimmungen im Deutschen

Der Übersetzende identifiziert die lateinische Konstruktion jeweils an deren Merkmalen und fördert durch ihre Analyse den darin enthaltenen Informationsgehalt zutage. Simultan zu diesem Vorgang läuft sozusagen ein *Sondierungsprozeß*, in dem die deutsche Sprache gerade auf ihre strukturellen Mittel hin, die für die Wiedergabe des erfaßten Informationsgehaltes zutreffend sind, ‚abgetastet' wird. Dabei bieten sich für die oben genannte Finalbestimmung auch im Deutschen mehrere Strukturvarianten an:

① damit ich den Staat rette	**Finalsatz**
② (den Staat retten wollend)	**Partizip**
③ zur Rettung des Staates	**Präpositionalgefüge**
④ um der Rettung des Staates willen	
⑤ um den Staat zu retten	**verkürzter Finalsatz**
⑥ in der Absicht, den Staat zu retten	**Präpositionalgefüge mit Infinitiv**

Es wird erkennbar: Die strukturellen Mittel zur Angabe einer Finalbestimmung unterscheiden sich in beiden Sprachen erheblich.
Strukturelle Identität ist nur im **Finalsatz** ① gegeben, der auch im Deutschen Primärkonstruktion ist; doch wird diese Übereinstimmung durch ein dem Deutschen vorgegebenes stilistisches Gesetz eingeschränkt, insofern bei gleichem Subjekt im Finalsatz und in dem diesem übergeordneten Satz der sogenannte **verkürzte Finalsatz** ⑤: ‚um zu . . .' den Vorzug hat. Das lateinische **Partizip** hat im Deutschen zwar eine gewisse Entsprechung ②, doch verletzt es in diesem Falle stilistisches Empfinden; überhaupt wird im Deutschen das Partizip seltener verwendet als im Lateinischen; es ist hier eine zweitrangige oder sogar drittrangige Konstruktion. Die Konstruktionen des Gerundiv und Supin sind Sprachspezifika des Lateinischen, die im Deutschen kein unmittelbares Pendant haben.
Ginge es beim Übersetzen lediglich darum, den erfaßten Informationsgehalt in der Zielsprache wiederzugeben, dann könnte sich der Übersetzende zur Wiedergabe der lateinischen Finalbestimmung aller sich im Deutschen an-

bietenden Strukturvarianten bedienen. Sie sind inhaltlich synonym. Doch gilt – zumindest für das schriftliche Übersetzen von Texten – das Gebot, auch *stilistische Erwägungen* mitzuberücksichtigen; d.h. der Übersetzende sollte, wenn er eine dem deutschen Sprachempfinden konforme Lösung sucht, eine gewisse *Adäquatheit der Strukturen*, soweit wie möglich, mitberücksichtigen.
Für das Gerundiv bietet sich am ehesten ein **Präpositionalgefüge** (Präposition mit Substantiv) als Strukturäquivalent an ③ ④; auch das Partizip Futur läßt sich in ähnlicher Weise: **Präpositionalgefüge mit Infinitiv** ⑤ angemessen wiedergeben. Für das Supin ist, wenn das Subjekt der Finalbestimmung mit dem des ‚übergeordneten' Satzes identisch ist, der verkürzte Finalsatz ⑤ das strukturadäquate deutsche Gegenstück; bei Nichtübereinstimmung der Subjekte bietet sich auch hier das Präpositionalgefüge ③ als angemessene Lösung an.
Bei kurzen Finalbestimmungen ist das Präpositionalgefüge auf jeden Fall zumindest eine gleichwertige Alternative zum vollständigen oder verkürzten Finalsatz; dies hat nicht zuletzt darin seinen Grund, daß das Deutsche – im Gegensatz zum Lateinischen, das vom *verbalen Stil* geprägt ist, – mehr den *Substantivstil* bevorzugt.

3. Wie geht man beim Übersetzen vor?

Zum Sinnverständnis eines Textes gelangt man über das Erfassen und Verstehen der Einzelsätze und Satzkomplexe.

3.1 Zum Übersetzen des Einzelsatzes

Den Einzelsatz übersetzt man, indem man zunächst Schritt für Schritt dem Gedankengang des Schriftstellers folgt; dabei werden nacheinander – der Abfolge im Text entsprechend – Wörter, Wortblöcke, syntaktisch zusammengehörende Einheiten erfaßt. Daraufhin wird das auf diese Weise Erschlossene miteinander in eine logisch sinnvolle Beziehung gebracht und mit entsprechenden sprachlichen Mitteln im Deutschen wiedergegeben (s. auch 2.2, S. 194f.).
Ein derartiges schrittweises Vorgehen führt allerdings nicht immer zum Erfolg. Schwierigere Sätze verlangen nach besonderen Übersetzungsmethoden, z.B. nach dem *Konstruieren* und *Analysieren*.
3.1.1 Man **konstruiert** einen Satz, indem man mit Hilfe der Wortendungen die Satzglieder (Subjekt und Prädikat mit Ergänzungen und Bestimmungen) und die Beziehung der Wörter untereinander feststellt. Die Verbindung von Subjekt und Prädikat bildet dafür eine sichere Grundlage. Das Konstruieren geht also mehr von der *äußeren Form* aus, die ein Satz hat.

3.1.2 Man **analysiert** einen Satz, indem man von der Subjekt-Prädikat-Verbindung oder vom leichtesten und deshalb ohne weiteres verständlichen Teil des Satzes (oft von Leitwörtern) ausgeht, dann sinngemäße Ergänzungsfragen stellt und sie, ohne zu raten, im engsten Anschluß an die vorliegenden Wörter und ihre Formen aus dem Text heraus beantwortet. Das Analysieren geht also mehr vom *Gedanken* aus, der in einem Satz ausgedrückt ist.

3.2 Zum Übersetzen der Periode

Das Übersetzen einer Periode stellt zuweilen erhebliche Anforderungen an die Denk- und Kombinationsfähigkeit (vgl. 1.3 u. 1.4, S. 192). Das Erfassen der Einzelsätze im Satzkomplex und das Erschließen des Satzkomplexes in seiner Gesamtheit gehen dabei Hand in Hand. Um die dabei geforderten Denkvorgänge visuell zu unterstützen, hat man verschiedene Methoden entwickelt.
An den folgenden Beispielsätzen sollen kurz zwei Methoden dargestellt werden:

Beispielsatz 1:

Cum naves appropinquarent Britanniae et ex castris viderentur, tanta tempestas subito coorta est, ut nulla earum cursum tenere posset, sed aliae eodem, unde erant profectae, referrentur, aliae ad inferiorem partem insulae, quae est propius solis occasum, magno suo cum periculo deicerentur.

(Caesar, BG IV 28,2)

Beispielsatz 2:

Quibus rebus cognitis principes Britanniae, qui post proelium ad Caesarem convenerant, inter se collocuti, cum et equites et naves et frumentum Romanis deesse intellegerent et paucitatem militum ex castrorum exiguitate cognoscerent, quae hoc erant etiam angustiora, quod sine impedimentis Caesar legiones transportaverat, optimum factu esse duxerunt rebellione facta frumento commeatuque nostros prohibere et rem in hiemem producere, quod his superatis aut reditu interclusis neminem postea belli inferendi causa in Britanniam transiturum confidebant. (Caesar, BG IV 30,1)

3.2.1 Die Einrückmethode

Die einzelnen Sätze oder Teilstücke von Sätzen werden *untereinander* geschrieben; dabei werden sie entsprechend ihrem Abhängigkeitsgrad *nach rechts eingerückt*. Der Hauptsatz (HS) steht also am weitesten links. Der Glied-

satz 1. Grades (GS_1) rückt um eine Stelle nach rechts, der Gliedsatz 2. Grades (GS_2) um zwei Stellen usw. Gliedsätze gleichen Grades oder Teilstücke desselben Gliedsatzes stehen an derselben Einrückstelle.
Die Periode wird auf diese Weise überschaubarer; Zusammengehöriges gibt sich unmittelbar zu erkennen, die logischen Beziehungen lassen sich leichter erarbeiten. Vgl.:

Beispielsatz 1:

        Cum naves appropinquarent Britanniae
        et ex castris viderentur,
tanta tempestas subito coorta est,
        ut nulla earum cursum tenere posset,
        sed aliae eodem,
                unde erant profectae,
        referrentur,
        aliae ad inferiorem partem insulae,
                quae est propius solis occasum,
        magno suo cum periculo deicerentur.

HS GS_1 GS_2

Beispielsatz 2:

Quibus rebus cognitis principes Britanniae,
        qui post proelium ad Caesarem convenerant,
inter se collocuti,
        cum et equites et naves et frumentum Romanis
        deesse intellegerent et paucitatem militum ex
        castrorum exiguitate cognoscerent,
                quae hoc erant etiam angustiora,
                        quod sine impedimentis Caesar legiones
                        transportaverat,
optimum factu esse duxerunt
rebellione facta frumento commeatuque nostros prohibere
et rem in hiemem producere,
        quod his superatis aut reditu interclusis
        neminem postea belli inferendi causa in Britanniam
        transiturum confidebat.

HS GS_1 GS_2 GS_3

3.2.2 Die Kästchenmethode[1]

Der Hauptsatz und die Gliedsätze werden in der Reihenfolge ihres Auftretens *durch Kästchen untereinander* geordnet. Das Tiefersetzen bzw. Höhersetzen der Kästchen wird durch den Abhängigkeitsgrad des Gliedsatzes bestimmt. Der Hauptsatz (HS) steht also im Kästchen auf der ersten Linie, der Gliedsatz 1. Grades (GS_1) im Kästchen auf der zweiten Linie usw. Gliedsätze gleichen Grades oder Teilstücke desselben Gliedsatzes stehen jeweils im Kästchen auf gleicher Linie. In die Kästchen werden nur die für das Erschließen der Periode wichtigsten Wörter (Subjekt, Prädikat, Konjunktionen, Infinitiv- und Partizipialkonstruktionen) eingetragen; diese werden, wo der enge Raum es bedingt, durch *Symbole* angedeutet:

V = verbum finitum   VI = Verbum im Infinitiv

 = Satz im AcI

△ = Participium coniunctum

▽ = Ablativ mit Partizip (Ablativus absolutus)

Auf diese Weise wird es möglich, auch größere Satzkomplexe in einem überschaubaren Bild graphisch zu verdeutlichen. Es wird dabei nicht nur die Zuordnung des Hauptsatzes und der Gliedsätze, sondern weitgehend auch die Binnenstruktur der Einzelsätze im Satzkomplex erhellt. Die logischen Beziehungen geben sich fast immer ohne Schwierigkeiten zu erkennen.

Beispielsatz 1:

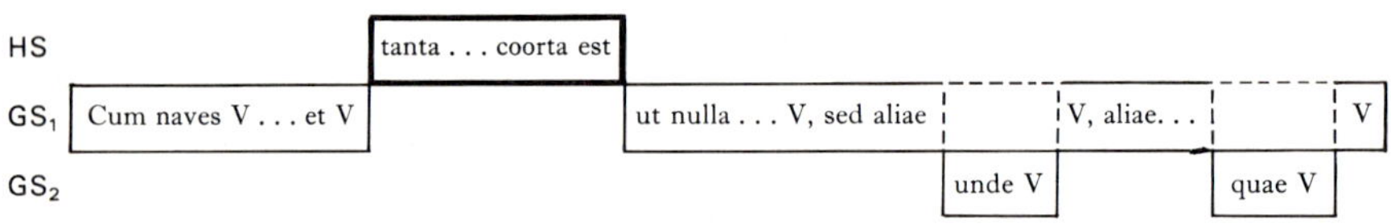

Beispielsatz 2:

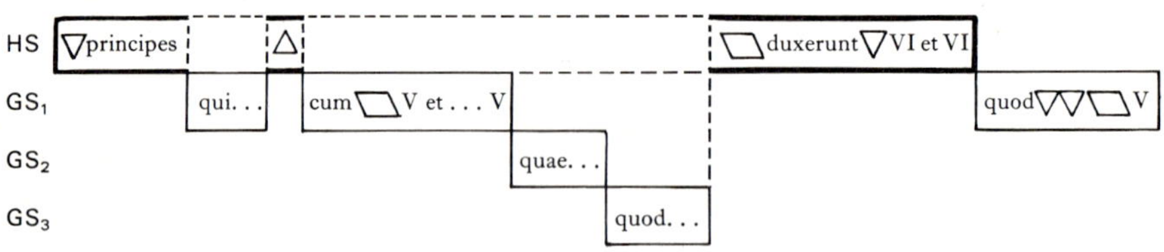

[1] Diese Methode ist von K. Bayer, München, entwickelt worden. Siehe dazu auch F. Maier: Zur Methodik des Übersetzens. Über die „Kästchenmethode". In: Anregung XIV (1968) 6, 368–374. Sehr hilfreich auch H. Grotz: „Alte Sprachen in modernen Medien – Einsatz von Arbeitstransparenten zur Strukturanalyse lateinischer Satzperioden" (noch unveröffentlichtes Manuskript).

Mit Hilfe der Kästchenmethode sind im Übungsbuch mehrere komplexe Satzgefüge analysiert und graphisch verdeutlicht. Diese Beispiele können als Ergänzung zur Demonstration der Methode herangezogen werden: K. 1, S. 13; K. 2, S. 17; K. 3, S. 21; K. 5, S. 27; K. 6, S. 30; K. 7, S. 33; K. 10, S. 45; K. 13, S. 55; K. 14, S. 59; K. 17, S. 69.

Sachwörterverzeichnis

(enthält wichtige Wörter und Begriffe, die in der Übersetzungsschule und im Anhang I und II begegnen)

Literatur

Die Stoffdarstellung in der „Version aus dem Lateinischen“ orientiert sich – abgesehen von zahlreichen Einzelabhandlungen – vornehmlich an den folgenden Werken der lateinischen Grammatik und Stilistik:

R. Kühner: Ausführliche Grammatik der lateinischen Sprache, 2. Teil: Satzlehre I und II. Hannover 1966

J.B. Hofmann/A. Szantyr: Lateinische Syntax und Stilistik. München 1965

K.F. von Nägelsbach: Lateinische Stilistik. 9. Aufl. von Iwan von Müller 1905, Neudruck 1963

H. Happ: Grundfragen einer Dependenz-Grammatik des Lateinischen. Göttingen 1976

H. Menge: Repetitorium der lateinischen Syntax und Stilistik. München 1961

E. Norden: Die antike Kunstprosa Bd. I. Darmstadt 1958

H. Menge/O. Schönberger: Lateinische Synonymik. Heidelberg 1959

H. Färber/L. Voit: Lateinische Stilkunde. München 1965

H. Rubenbauer/J.B. Hofmann: Lateinische Grammatik. München/Bamberg 1968, 8. Auflage

K. Bayer/J. Lindauer: Lateinische Grammatik. Bamberg/München 1968

R. Pfister: Exercitia Latina. Lateinische Grammatik. Bamberg/München 1968

F. Maier/R.Bauer/H. Grosser: Cursus Latinus. Grammatische Beihefte I, II, III. Bamberg/München 1973, 1974, 1975

H.J. Hillen: Lateinische Grammatik. Frankfurt/Berlin/München 1971

F. Adami/E. Bornemann: Lateinisches Unterrichtswerk. Lateinische Sprachlehre. Frankfurt 1970

H. Schmidt/O. Wecker/G. Röttger: Lateinische Sprachlehre. Mit einer Einführung in die Technik des Übersetzens. Göttingen 1974, 15. Auflage

Lösungen der Denksportaufgaben

S. 18, K. 2: *Kreuzworträtsel*

waagrecht: 3.: während; 5.: Nu; 6.: wenn; 8.: Neo-; 10.: ami; 12.: Gib!; 13.: mit; 14.: Iden; 17.: on; 18.: calm; 19.: Vieh; 20.: weil

senkrecht: 1.: ohne; 2.: brun; 3.: wenngleich; 4.: damit nicht; 6.: wobei; 7.: Namen; 11.: mir; 15.: Domes; 16.: envie

S. 79, K. 20: „*Begriffsrätsel*“

1. **V**ernunft
2. **I**nteressen
3. **V**ernunftgrund
4. **E**insicht
5. **R**echenschaft
6. **E**inrichtung
7. **M**ethode
8. **I**nteressen
9. **L**ehre
10. **I**nteressen
11. **T**heorie
12. **A**rt und Weise
13. **R**ücksicht
14. **E**insicht
15. **E**inrichtung
16. **S**ystem
17. **T**heorie

Senecas Lebensweisheit lautet: VIVERE MILITARE EST. (s. S. 41, K. 9!)

